»Spielen Sie doch, was Sie wollen!«

# »Spielen Sie doch, was Sie wollen!«

## Neue und legendäre Musikerwitze

Aufgezeichnet von Jan Schumacher
und Danilo Tepša

Reclam

RECLAMS UNIVERSAL-BIBLIOTHEK Nr. 19599
2019 Philipp Reclam jun. Verlag GmbH,
Siemensstraße 32, 71254 Ditzingen
info@reclam.de
Umschlagillustration: Frits Ahlefeldt
Druck und Bindung: Esser printSolutions GmbH,
Untere Sonnenstraße 5, 84030 Ergolding
Printed in Germany 2025
RECLAM, UNIVERSAL-BIBLIOTHEK und
RECLAMS UNIVERSAL-BIBLIOTHEK sind eingetragene Marken
der Philipp Reclam jun. GmbH & Co. KG, Stuttgart
ISBN 978-3-15-019599-4
reclam.de

# Inhalt

Statt eines Vorworts: Die Verfasser warnen 7

»Wir sind doch alle gleich!«
Musiker im Allgemeinen 13

»Ich weiß auch nicht, wo wir sind«
Im Orchester 17

»Dieses grelle Sonnenlicht!«
Jazz, Rock, Pop 81

»Mein lieber Schwan!«
Sänger – alleine und im Rudel 95

»Hochmut kommt vor dem Quintfall«
Zulieferbetriebe – Komponisten, Kritiker und andere Roadies 111

Finale morendo ridicoloso
Kalauer zum Schluss 121

Reprise 123

Zu den Autoren 124

# Statt eines Vorworts: Die Verfasser warnen

Es ist der kürzeste Musikerwitz und vermutlich auch der berühmteste. »Geht ein Musiker an der Kneipe vorbei.«

Zugleich ist es die wohl kürzeste Musikertragödie. Denn es wäre eine absolute Katastrophe, würde ein Musiker tatsächlich an der Kneipe vorbeigehen. Schließlich sitzen in dieser etliche Kollegen und Kolleginnen, die sich einen Witz nach dem anderen erzählen.

Tonkünstler sind erwiesenermaßen ein geselliges Völkchen, und auch die Entstehung dieses Bandes lässt sich auf kontinuierliche und ausführliche Gaststättenbesuche zurückführen. Diese Besuche halfen einerseits, die Strapazen des Musikstudiums auszubalancieren, und brachten andererseits immer neue Ideen und die Planung vielfältiger musikalischer Projekte mit sich – und eben auch Witze, Zoten und Anekdoten.

Davon gibt es über Musiker auffallend viele (über Bankangestellte, Sportler oder Pharmazeuten beispielweise kennt man deutlich weniger bis gar keine lustigen Geschichten), was daran liegen mag, dass leidenschaftliche Musiker gern etwas exzentrisch oder auf ganz individuelle Weise »speziell« sind. Vielleicht liegt es auch daran, dass Musiker besonders gern und gut über sich selbst und den eigenen Berufsstand lachen können – wie soll man es auch anders aushalten als mit Galgenhumor!? Oder es mag daran liegen, dass sie in ihren zahlreichen Probenpausen gerne Geschichten hören und gleich wieder weitererzählen – manche »offiziell verbürgte« Dirigentenanekdote findet man in der Literatur an verschiedenen Stellen mit den Namen unterschiedlicher Pultstars!

»Weitererzählen« ist ein gutes Stichwort. Die Verfasser müssen eingestehen, dass ein Witze*buch* nicht mehr als ein Hilfsmittel sein kann, denn der Witz ist natürlich eine mündliche Gattung und muss als solche auch gepflegt werden. Es sei daher ausdrücklich vor fehlerhaftem Gebrauch gewarnt und angemahnt: Wer das Buch nur still vor sich hin liest, schmunzelt und es dann in den Schrank stellt, handelt ausdrücklich gegen den Willen der Verfasser! Verstehen Sie diesen Band vielmehr als eine Anleitung und Anregung, sich im (für den Witz so überlebenswichtigen) Weitererzählen zu üben.

Die Präsentation eines Witzes ist mindestens ebenso wichtig wie der Inhalt oder die Pointe. Und die Präsentation beginnt mit dem Setting, man könnte sagen mit dem Bühnenbild. Wählen Sie also mit Bedacht, wo Sie eine oder mehrere dieser humoristischen Perlen zum Besten geben. Es handelt sich zwar ausschließlich um die Privatmeinung der Verfasser, und es mag auch durchaus Ausnahmen geben, dennoch würden wir von Beerdigungen, Insolvenzverhandlungen und dem Termin beim Scheidungsanwalt generell abraten. Halten Sie sich bei der Auswahl der Lokalität an ein paar einfache Kriterien wie angenehme Sitzgelegenheiten, entspannte Atmosphäre und Zuhörerschaft sowie kulinarische und idealerweise gebraute oder destillierte Unterstützung. Viel kann dann nicht mehr schiefgehen.

Bei der eigentlichen Aus- und Aufführung dann gibt es einige simple Grundregeln: Tiefe Bauchatmung bereitet Ihr Zwerchfell auf das baldige Lachen vor und sorgt gleichzeitig für die nötige Stütze. Besonders wichtig wird dies, wenn in Ihrer Auswahl Sängerwitze eine große Rolle spielen. Je lebensechter Sie die Kollegen von der Opernbühne stimmlich darstellen, umso größer der Effekt, wenn diese dann mittels Pointe auf ihr Alltagsmaß zurechtgestutzt werden.

Üblicherweise ist man nicht mit einer Kiste voller Kostüme unterwegs. Also ist es entscheidend, den im Witz auftretenden Dirigenten nur mit der Stimme hinreichend hochnäsig und den Jazzgitarristen genügend verlangsamt und derangiert erscheinen zu lassen, um sie dem Publikum vors innere Auge zu führen. Überhaupt, das Publikum. Je besser Sie es kennen, desto leichter wird es zu begeistern sein. Sind die Damen und Herren schwer von Begriff (manche würden sagen: Schlagzeuger oder Bratschisten), lohnt es sich vielleicht, vor der Pointe kurz zu pausieren, damit alle ihre Gedanken sammeln können. Oder Sie lassen erforderliche Zusatzinformationen und Erklärungen bereits elegant in den Text mit einfließen. Das liegt ganz bei Ihnen.

Das Erzähltempo richtet sich im Übrigen nicht nur nach der intellektuellen Auffassungsgabe Ihrer Zuhörer, sondern auch nach dem aktuellen Grad Ihrer eigenen geistigen Wachheit und eventueller Intoxikation – und nach der Qualität des zu erzählenden Materials natürlich. (So mancher Klavierkomponist ist einem auch postum dankbar, wenn man über die eine oder andere weniger gelungene Passage gnädig drüberhuscht. Mindestens einer der Verfasser konnte so auch von mangelnder Übedisziplin ablenken.)

Jedenfalls: Seien Sie spontan und flexibel, atmen Sie ruhig, trinken Sie genug und lachen Sie viel. Gerne auch zur Vorbereitung der Pointe, das hilft den eben schon erwähnten langsameren Zuhörern ungemein.

Am wichtigsten aber: Haben Sie Spaß, nehmen Sie weder dieses Buch noch sich selbst und schon gar nicht die Verfasser allzu ernst!

Wir danken ganz besonders Professor Kunibert Schäfer und allen denjenigen, die uns in den vergangenen Jahren durch mündliche Überlieferungen mit Witzen versorgt haben!

*Jan Schumacher – Danilo Tepša*

# »Wir sind doch alle gleich!«

## Musiker im Allgemeinen

Ein Dirigent, ein Tenor und ein Gitarrist unterhalten sich über ihre letzte Konzertgage. Der Dirigent hat sich davon einen SUV gekauft und war mit dem restlichen Geld im Nobelrestaurant. Der Tenor war vier Wochen auf den Bahamas und hat den Rest in Aktien angelegt.
Beide fragen den Gitarristen: »Sag, was hast du mit deiner letzten Gage gemacht?«
»Einen Wollpulli gekauft.«
»Einen Pulli ... Und der Rest?«
»Den hat meine Mama dazugegeben.«

Ein Tanzmusiker kommt zum Arzt. Der sagt ihm, er habe nur noch 10 Tage zu leben.
Der Musiker macht den Kalender auf: »Ich brauche dringend den 22., 23. und 24. Oktober und den 4. November.«

Ein Musiker trifft zufällig im Plattenladen seinen Hausarzt.
»Herr Doktor! Gut, dass ich Sie treffe. Sind meine Blutwerte schon zurück? Wie lange habe ich noch zu leben?«
»Naja, ein Doppelalbum würde ich mir jetzt nicht mehr kaufen …«

Ein Musiker hat sich verlaufen und fragt einen Passanten um Rat: »Wie komme ich in die Philharmonie?«
»Üben, üben, üben!«

Ein Dirigent ärgert sich über zwei Musiker, die sich immer verspielen: »Was ist denn nur los mit Ihnen?«
»Tut mir leid, aber ich habe nicht geübt.«
»Und mit Ihnen?«
»Wir üben immer zusammen.«

Talentwettbewerb für Hunde: Auf der Bühne befindet sich ein großer Haufen Knochen, mit dem jeder Hund etwas bewerkstelligen soll. Als Erstes kommt die Hündin eines Architekten auf die Bühne. Innerhalb kürzester Zeit baut sie aus den Knochen mit exakter

statischer Berechnung ein Meisterstück neogotischer Architektur. Tosender Applaus im Publikum. Doch schon kommt Kandidat Nr. 2 auf die Bühne: die Hündin eines Physikers. Sie wirft das Bauwerk zu Boden und setzt aus den Knochen in einer knappen halben Minute eine überzeugende Hypothese zur Gravitationskonstante zusammen. Wohl kaum noch zu übertreffen, doch schon kommt Kandidat Nr. 3: der Hund eines Musikers.
Der geht auf die Bühne, trinkt zuerst das Bier seines Herrchens aus und vernascht anschließend die beiden Hündinnen. Der Musikerhund verbeugt sich und fragt: »Wo gibt's das Geld für den Auftritt?«

Eine Gruppe Touristen kommt in ein Hotel. Als sich der Hotelmanager nach dem Check-in das Gästebuch anguckt, stellt er fest, dass drei Herren ihren Beruf noch nicht angegeben haben. Zur Klärung schickt er seinen Pagen auf das betreffende Zimmer.
Dieser kommt nach zwei Minuten wieder zurück und entgegnet: »Alle drei sind Musiker.«
»Haben Sie die Herren gefragt?«, will der Chef wissen.
»Nein, aber der Erste hat sich gerade seine Schuhe an der Gardine abgeputzt, der Zweite hat ins Waschbecken gepinkelt, und der Dritte hat laut gerufen: ›Sind denn keine Mädels hier?‹«

Was ist der Unterschied zwischen einem Musiker und einem Schauspieler?
Der Schauspieler räumt das dreckige Geschirr aus dem Waschbecken, bevor er reinpinkelt.

Treffen sich zwei Musiker. Fragt der eine: »Heute schon etwas gefrühstückt?«
Der andere: »Nein, noch keinen Schluck!«

Was sind die drei ärgsten Feinde des Musikers? Frische Luft, das Beißen der Sonne in den Augen und das unerträgliche Geschrei der Vögel.

# »Ich weiß auch nicht, wo wir sind«

## Im Orchester

»Wer ist in eurem Orchester eigentlich der Musikalischste?«
»Der Cellist.«
»Spielt er denn wirklich so gut?«
»Keine Ahnung, er geht immer raus, bevor wir mit dem Spielen anfangen.«

Was ist der Unterschied zwischen einem Kamel und einem Orchester?
Das Kamel kann sieben Tage arbeiten, ohne zu saufen.

## Streicher

Woraus besteht ein Streichquartett?
Aus einem guten Geiger, einem schlechten Geiger, einem frustrierten Geiger und einem Anti-Geiger.

Vier Freunde eines Komponisten spielen in einem Laien-Streichquartett. Zu seinem Geburtstag wollen sie ihm eine besondere Freude machen und führen eines seiner Stücke auf. Als sich der Komponist artig bedankt, fragt einer der vier: »Und, war es gut? Wie war das Tempo?«
»Eure Tempi waren alle gut, ich glaube, deins hat mir am besten gefallen.«

Die Mitglieder eines Streichquartetts wollen als Krönung ihrer Laufbahn ein Bordell gründen. Der erste Geiger soll sich um die Finanzierung, der zweite Geiger um die Möblierung kümmern. Der Bratscher wird beauftragt, ein Grundstück zu erwerben, und der Cellist soll die Damen anheuern.
Nach einigen Wochen findet eine Lagebesprechung statt: Das Geld ist besorgt. Die Möbel stehen abrufbereit. Der Bratscher hat leider noch kein passendes Grundstück gefunden. Der Cellist berichtet, er habe großartig aussehende Mädchen engagiert, alle um die 13 bis 15 Jahre alt.
Entsetzen bei den Quartettgenossen! »So jung?«, fragen sie.
»Na klar«, sagt der Cellist, »bis der Bratscher das Grundstück hat, sind die Mädels alt genug!«

Fragt der erste Geiger den Cellisten: »Wenn ich mit deiner Frau geschlafen habe, sind wir dann eigentlich verwandt?«
»Nein, aber quitt!«

Der zweite zum ersten Geiger: »Du, ich glaube, deine Frau betrügt uns.«

»Ich hätte gern ein paar Violinstücke«, sagt der Mann im Musikgeschäft.
»Tut mir leid«, sagt der Verkäufer, »wir verkaufen Geigen nur im Ganzen.«

Wie nennt man den Geigenkoffer in Kuba?
Fidel Castro.

Woran erkennt man einen zweiten Geiger?
An der verrosteten e-Saite.

Sagt ein Starviolinist zu seinem Freund: »Du glaubst nicht, wer mich heute angerufen hat … Karajan!«
»Und, was hat er gesagt?«
»Falsch verbunden.«

Ein junger Geiger gibt sein erstes Konzert, aber leider sitzt nur eine Frau im Saal.
Sagt er: »Heute, meine Gnädigste, spiele ich nur für Sie.«
Sie: »Na dann aber schnell, ich muss hier anschließend noch sauber machen.«

In einer Oper haben die zweiten Geigen über eine längere Passage Tremolo zu spielen. Auf einmal beugt sich einer zu seinem Nachbarn und fragt: »Wo sind wir?«
»Weiß ich auch nicht, aber in 10 Minuten ist die Oper aus!«

Wie schützt man eine Geige vor Diebstahl?
Man legt sie in einen Bratschenkoffer!

Wie schreibt man ein Violinkonzert ganz schnell in ein Bratschenkonzert um?
Man halbiert das Tempo!

Was macht man mit dem ersten Geiger nach einem Schlaganfall?
Man setzt ihn ans erste Bratschenpult!
Was macht man, wenn er kurz darauf stirbt?
Er kommt einfach in die zweite Reihe!

Wenn jemand einen Geiger-Witz erzählt, lachen die Zuhörer.
Wenn jemand einen Bratscher-Witz erzählt, nicken alle zustimmend.

Was ist der Unterschied zwischen dem ersten und zweiten Pult der Bratschen?
Üblicherweise ein halber Takt und ein Ganzton.

Was ist der Unterschied zwischen Bratsche und Zwiebel?
Wenn man eine Bratsche klein hackt, weint kein Mensch.

Warum bevorzugen Bratscher durchsichtige Brotdosen?
Damit sie auf einen Blick wissen, ob sie auf dem Weg zur Probe sind oder schon auf dem Heimweg.

Was sitzt im Orchester und bohrt in der Nase?
Ein Bratscher, der das Letzte aus sich herausholt!

Warum üben Bratscher immer mit Metronom?
Irgendwas muss sich ja beim Üben bewegen.

Was haben ein Bratscher und ein Unwetter gemeinsam?
Beide setzen meistens zum falschen Zeitpunkt ein.

Orchesterkonzert, am 2. Bratschenpult große Verwirrung. Ratsuchende Frage an das 3. Pult der 2. Geigen:
»Wo sind wir?«
»Takt 178 ... Takt 179 ... Takt 180 ...«
Der Bratschist: »Keine Details! Welches Stück?!?«

Der Dirigent zum Bratschisten: »Sie haben da Triolen!«
Der Bratschist starrt auf sein Hemd: »Wo, wo, wo?! ... Nimm sie weg!«

Ein Bratscher geht zum Psychiater und sagt:
»Herr Doktor, ich habe ein Problem: Ich rede im Schlaf.«
»Das machen doch viele Leute.«
»Ja, aber das ganze Orchester lacht schon über mich!«

Es wurden Einsparmaßnahmen für das nächstjährige Budget eines Orchesters diskutiert. Durchgesetzt hat sich dann doch die Idee, bei den Pultlampen der Bratschisten Bewegungsmelder zu installieren.

Ein Bratscher und ein Cellist stehen auf einem sinkenden Schiff.
Cellist: »Hilfe, ich kann nicht schwimmen!«
Bratscher: »Keine Angst, tu einfach so als ob.«

Die Orchestermitglieder beobachten, wie ein Bratscher vor jeder Probe einen Zettel aus seinem Spind nimmt und einen heimlichen Blick darauf wirft. Der Konzertmeister sieht das eine Weile mit an und wird zuletzt so neugierig, dass er eine kurze Abwesenheit des Bratschers nutzt und sich den geheimnisvollen Zettel anschaut.
Er liest die wenigen Worte: »Bratsche links, Bogen rechts!«

Alle Kinder in der Klasse werden vom Lehrer gefragt, was ihre Väter von Beruf sind. Der eine sagt: »Mein Vater ist Dachdecker«, ein anderer sagt: »Meiner ist Maler.« So geht es weiter.
Der letzte Junge sagt: »Mein Vater ist Striptease-Tänzer in einer Nacktbar.« Der Lehrer wird rot.
Am nächsten Tag kommt der Lehrer zu dem Jungen und sagt: »Ich war gestern bei einem Konzert und habe deinen Vater als Musiker im Sinfonieorchester mit

seiner Bratsche gesehen. Wieso sagst du, er sei Striptease-Tänzer?«
Darauf der Junge: »Ich habe mich so geschämt.«

Unmittelbar vor dem Auftritt des Orchesters stellt der Konzertmeister fest, dass der Dirigent noch nicht da ist. In seiner Verzweiflung fragt er, ob jemand aus dem Orchester schon einmal dirigiert hat. Nach einigem Warten ist der 2. Bratscher der Einzige, der sich meldet. Und so dirigiert der Bratscher das Konzert.
Nach dem Auftritt begegnet ihm der 1. Bratscher in der Garderobe und fragt: »Wo warst du denn eigentlich heute Abend?«

Ein Bratscher fährt am Zoll vorbei, auf dem Sitz liegt sein Bratschenkoffer. Der Zollbeamte: »Machen Sie mal den Koffer auf!«
Er findet darin ein Maschinengewehr. Daraufhin der Zollbeamte: »Gut, fahren Sie weiter – ich dachte schon, da wäre eine Bratsche drin!«

Ein Bratschist fragt einen Kollegen: »Was spielst du heute?«
»Nichts!«
»Das hast du doch gestern schon gespielt.«
»Ich bin aber nicht fertig geworden!«

Bratschenprobespiel: Alle spielen abwechselnd das Stamitz-Konzert und das Hoffmeister-Konzert (beides nicht sehr aufregende Stücke). Nach dem fünften Kandidaten wird's dem Stimmführer der 2. Geigen, der in der Jury sitzt, zu bunt, und er beschwert sich: »Stamitz – Hoffmeister – Stamitz! Gibt's denn bei euch keine anderen Konzerte?«
Darauf der Solobratschist: »Herr Kollege, kennen Sie ein Konzert für Zweite Geige?«

Wie viele Lagen hat eine Bratsche?
Drei: erste Lage, Notlage, Niederlage.
Gibt es noch eine weitere Lage?
Klar, stabile Seitenlage.

Was ist der Unterschied zwischen Bratsche und dreilagigem Klopapier?
Keiner. Die erste Lage ist griffig, die zweite dünn, die dritte beschissen.

Warum ist Bratsche spielen wie in die Hose pinkeln?
Beides erzeugt ein schönes warmes Gefühl, ohne dass es jemand bemerkt.

Wie wurde die Bratsche erfunden?
Jemand spannte Saiten über einen Geigenkasten.

Aus einer Zeitungsannonce: »Bratsche zu verkaufen. 19. Jh., Böhmen, 405 mm, neu gestimmt. Chiffre: …«

Ein Bratscher zum Kollegen:
»Du, ich hab die ganzen Orchesterferien geübt, ich kann jetzt Achtel!«
»Toll, spiel mal eins!«

Anzeige: »Bratsche zu verkaufen, ab dritter Lage neuwertig.«

Wie rettet man einen Bratschisten vor dem Ertrinken?
Den Fuß von seinem Kopf nehmen.

Wie bringt man einen Bratscher dazu, mit Vibrato und Tremolo zu spielen?
Man schreibt in die Noten »Solo«.

Was ist ein Gentleman-Streicher?
Jemand, der Bratsche spielen kann, es aber nicht tut.

Ein Anruf beim Geigenbauer, aus der Leitung ertönt es:
»Ooouuhhmmhuouhhhmhhhuuooooh!«
Geigenbauer: »Wie bitte?«
»Ooouuhhmmhuouhhhmhhhuuooooh!«
Geigenbauer: »Nochmal bitte, ich verstehe Sie nicht!«
»Ooouuhhmmhuouhhhmhhhuuooooh!«
Geigenbauer: »Okay, bringen Sie Ihre Bratsche vorbei!«

Bei einem Vorspiel soll ein Bratschist einen Triller spielen und spielt:
Diiiiiiiiiiaaaaaaaaaaaadiiiiiiiiiiiiaaaaaaaaaa …
Den kritischen Zuhörern ist das jedoch viel zu langsam, und sie fordern ihn auf, er solle doch einmal richtig trillern.
Daraufhin der Bratscher: DiiiiiaaaaaDiiiiiaaaaa …
Als der Jury dies noch immer zu langsam ist, antwortet der Bratscher:
»Ich muss das gar nicht schneller können, schließlich sind wir zu sechst.«

Was ist die erste Runde im Bratschistenwettbewerb?
Auswendig stimmen.
Wie heißt die Endrunde im Bratschistenwettbewerb?
Achtelfinale.

Warum kann ein Bratscher mit Messer im Rücken nicht spielen?
Weil er sich nicht anlehnen kann.

Was ist der Unterschied zwischen einem Bratscher ...
... und einem Stück Holz?
Holz arbeitet.
... und der Wüste?
Die Wüste lebt.
... und Chappi?
Chappi gibt's jetzt auch mit Hirn.
... und Knäckebrot?
Knäckebrot klingt.
... und dem Meer?
Das Meer bewegt sich.

Woran erkennt man, dass bei einem Bratscher das Pult schief steht?
Er hält den Kopf so schräg, dass ihm die Spucke aus einem Mundwinkel läuft.

Was sitzt im Wald hinter einem Holzstoß und stinkt?
Ein Bratscher, der beim Versteckspielen gewonnen hat.

Ein Bratscher kommt nach der Pensionierung mit dem Instrument nach Hause. Seine Frau: »Du warst Musiker?«

Was ist los, wenn ein Bratscher blutüberströmt von der Bühne kommt?
Er hat einen Lagenwechsel probiert!

Der kürzeste Bratscher-Witz?
Ein Bratscher geht zum Meisterkurs.

Abends kommt ein Bratscher nach Hause, wo seine Frau gerade vergeblich versucht, die Kinder ins Bett zu bringen. Auf die Bitte seiner Frau, es doch auch mal zu versuchen, meint er: »Ich kann ihnen ja ein Liedchen vorspielen.«
»Willst du es nicht lieber erst mal im Guten versuchen?«

Ein Bratscher macht bei der Probe den Kasten auf: »Mist, schon wieder eine Saite verfault!«

Was ist der »Nationalfeiertag« der Bratscher?
Der 20. März, es ist der Übergang vom Winterschlaf zur Frühjahrsmüdigkeit.

Ein Dirigent und ein Bratscher überqueren eine enge Straße. Wen sollte man zuerst überfahren?
Den Bratscher: Erst die Arbeit, dann das Vergnügen!
Oder nein, doch erst den Dirigenten: Wenn man den erledigt hat, kann der Bratscher noch nicht weit sein!

Die berühmte gute Fee erscheint einem Bratscher in einem C-Orchester, und zwar in Trier.
»Du hast drei Wünsche frei!«
»Liebe Fee, ich würde gerne doppelt so gut spielen können wie jetzt.«
»Geh nach Hause und leg dich schlafen, morgen wird dein Wunsch erfüllt.«
Am nächsten Morgen findet er sich wieder im Philharmonischen Staatsorchester Rheinland-Pfalz.
Nach einigen Tagen erscheint ihm wieder die Fee.
»Liebe Fee, ich wäre gern nochmal doppelt so gut!«
»Geh nach Hause und leg dich schlafen, morgen wird dein Wunsch erfüllt.«
Am nächsten Morgen sitzt er in der Probe bei den Berliner Philharmonikern.
Die Fee erscheint ihm zum dritten Mal.
»Auch wenn ich mich wiederhole, liebe Fee. Ich wäre gerne noch einmal viel besser als jetzt.«
»Geh nach Hause und leg dich schlafen, morgen wird dein Wunsch erfüllt.«

Am nächsten Morgen sitzt er wieder in Trier – am letzten Pult der zweiten Geigen.

Wer war der erste Bratscher?
Ötzi. Er ist vom Gletscher überholt worden.

Die Wiener Philharmoniker spielen das Neujahrskonzert.
Tippt ein Bratscher seinen Pultkollegen an: »Du, was spielen wir als Nächstes?« Der zischelt: »Radetzky-Marsch!«
»Oh, Mist, den hab ich gerade schon gespielt!«

Ein Bratscher eines Provinzorchesters macht an seinem freien Tag einen Spaziergang durch die umliegende Natur. An einer großen Weide trifft er einen Schäfer, der dort eine riesige Schafherde hütet. Der Bratscher ist begeistert von den Schafen, unterhält sich eine Weile mit dem Schäfer und macht schließlich den Vorschlag: »Wenn ich errate, wie viele Schafe genau in der Herde sind, darf ich mir dann eins mitnehmen?«
Der Schäfer denkt sich: »Das errät der sowieso nie!«,

und willigt ein. Darauf der Bratscher, wie aus der Pistole geschossen: »279!« Das stimmt genau, der Schäfer ist tief beeindruckt und sagt dem Bratscher, er solle sich ein Schaf aussuchen. Der Bratschist nimmt eins der Tiere auf die Schulter und will gerade weiter, da sagt der Schäfer: »Wenn ich errate, was Sie von Beruf sind, krieg ich dann mein Schaf wieder?« Der Bratschist denkt sich: »Bratscher ist so ein seltener Beruf, das errät der nie!«, und sagt ja. Darauf der Schäfer, wie aus der Pistole geschossen: »Sie sind Bratschist!«
Der Bratscher möchte völlig überrascht wissen, wie der Schäfer darauf gekommen sei. »Stellen Sie erst mal den Hund wieder hin, dann reden wir weiter!«

Was haben die Beatles und die Bratscher des Rundfunkorchesters gemeinsam?
Sie haben seit 1970 nicht mehr zusammen gespielt.

Das Abendgebet eines Bratschers:
Dona nobis tacet!

Zwei Bratschisten sitzen im Orchester. Während der eine kräftig drauflosspielt, sitzt der andere daneben, ohne zu spielen. Auf die Frage, warum er denn keinen Ton von sich gebe, antwortet er: »Ich hab ja tacet!«
Der andere: »Bleib doch zu Hause, wenn du krank bist!«

Was haben Bratsche spielen und Bettnässen gemeinsam?
Beides ist leise und peinlich.

Welche Einstellung haben Bratscher zum Bratschensolo?
Lieber 5 Minuten zittern als 6 Stunden üben.

Warum mögen Bratscher Fermaten?
Weil das die einzigen Stellen im Stück sind, an denen sie zusammen sind.

Warum hassen Bratscher Generalpausen?
Weil man dann ihr Schnarchen so hört.

Warum spielen Bratscher so ungern den Stimmführer?
Weil man dabei nicht die Beine auf die Lehne des Vordermanns legen kann.

Warum brauchen Bratscher besonders große Metronome?
Damit sie das langsame Tempo besser einstellen können.

Ein Bratscher geht in die Kneipe und bestellt etwas zu trinken.
»Was darf es denn sein, ein Viertel oder eine Halbe?«, fragt der Kellner.
»Eine Halbe bitte, ein Viertel ist mir zu schnell.«

Warum scheint eine Bratsche größer als eine Geige?
Das ist nur eine optische Täuschung. Der Kopf des Bratschers ist so klein.

Warum hat ein Bratscher 40 Knochen mehr als ein normaler Mensch?
Weil sein Gehirn noch mechanisch arbeitet.

Wie wechselt ein Bratscher eine Glühbirne aus?
Gar nicht, er kommt nicht so hoch.

Orchesterprobe, der Dirigent unterbricht: »Halt! Der Bratschentriller auf g in den Takten 112 bis 114 muss schneller gespielt werden!«
Der Bratscher vom letzten Pult: »Es tut mir leid, Maestro, die Wirbel meiner Bratsche sind so schwergängig. Sie lassen sich nicht schneller hin- und herdrehen.«

Was ist der Unterschied zwischen einem Bratscher und Wilhelm Tell?
Wilhelm Tell konnte mit dem Bogen umgehen.

Kommt ein Bratscher mit einem Frosch auf dem Kopf zum Arzt.
Als der fragt, wie das denn passiert sei, sagt der Frosch: »Weiß auch nicht, wo ich mir das eingefangen hab …«

Kommt ein Bratscher erbost in das Musikgeschäft: »Also, die Bratsche, die Sie mir gestern verkauft haben, die können Sie gleich wiederhaben. Da ist ja bei jeder Saite ein anderer Ton drauf!«

Vielleicht könnte Giuseppe Sinopoli heute noch leben: Er fiel vom Dirigentenpult direkt in die Bratschen und die haben es leider erst eine Stunde später gemerkt.

Ein Bratscher zu seinem Kollegen: »Warum regen sich eigentlich alle so auf, wir machen doch gar nix!«

Sagt der Bratscher morgens zu seiner Frau: »Schatz, mach doch bitte den Kaffee nicht wieder so stark. Gestern hab ich im Orchester kein Auge zugekriegt.«

Ein Bratschist zeigt seiner Frau ein Bild mit seinen Kollegen beim Konzert und sagt stolz: »Hier sieh mal, eine Stunde belichtet und keiner verwackelt!«

Was ist der Unterschied zwischen einem Bratscher und einem Arbeitslosen?
Der Arbeitslose hat schon mal gearbeitet.

Was macht man aus der Asche eines Bratschers?
Schlaftabletten.

Annonce: »Weltberühmtes Streichquartett sucht zwei Violinen und ein Cello.«

Der Konzertmeister zum Bratscher: »Warum waren Sie gestern nicht bei der Probe?«
»Hexenschuss, Herr Konzertmeister.«
»Ja, das war in der Tat eine schöne Hexe, mit der Sie an mir vorbeigeschossen sind.«

Ein Bratscher kommt eines Tages nach Hause und findet sein Haus bis auf die Grundmauern niedergebrannt vor. Auf die Frage, was passiert sei, antwortet ihm ein Polizist: »Nun ja, der Dirigent kam zu Ihrem Haus, und dann …«
Der Blick des Bratschers verklärt sich, und er sagt ehrfürchtig: »Wirklich? Der Maestro? Zu mir?«

Während eines Konzerts flüstert ein Bratscher mit seinem Pultnachbarn:
»Stimmt das, dass dein Vertrag für die nächste Spielzeit nicht verlängert wird?«
»Ja, stimmt, und das nur, weil ich während einer Probe geschlafen habe.«
»Aber das tun wir doch alle!«
»Aber nicht mit der Frau des Dirigenten!«

Ein Bratscher zum andern:
»Gestern hatte ich einen schrecklichen Traum. Wir spielten Schuberts Fünfte.«
»Ja, und?«
»Dann bin ich aufgewacht – und es stimmte.«

Während einer Probe macht der Bratschist den Trompeter an:
»Musst du mir immer so laut ins Ohr spielen?«
»Hättest du früher mal geübt, würdest du weiter vorne sitzen!«

Ein Bratscher, der in einem philharmonischen Orchester aushilft, findet in seinen Noten an mehreren Stellen das Wort »vorbeugen« handschriftlich eingetragen. Nachdem er sich schon fünfmal an den entsprechenden Stellen vorgebeugt hat, denkt er sich: »Was soll das eigentlich, beim nächsten Mal bleib ich normal sitzen.«
Und zack hat er den Posaunenzug im Rücken.

Welches ist das Lieblingsinstrument der Bratscher?
Die Harfe. Nur Pizzicato, nur leere Saiten und kein Vibrato.

Was macht man mit einem Bratscher, der vollkommen unmusikalisch ist?
Man nimmt ihm die Bratsche weg, gibt ihm einen zweiten Stock und stellt ihn ans Schlagzeug.
Und wenn sich dann herausstellt, dass er dazu auch kein Tempo halten kann? Dann nimmt man ihm wieder einen der Stöcke weg und stellt ihn ans Dirigentenpult.

Wie bringt man Cellisten dazu, fortissimo zu spielen? Indem man in die Noten schreibt: *solo, pianissimo, espressivo.*

Der Kontrabassist geht nach seinem letzten Orchesterdienst in den wohlverdienten Ruhestand und nimmt seinen Bass mit nach Hause.
Seine Frau empfängt ihn an der Tür und fragt entgeistert: »Was ist das denn für ein Ding???«

Beim Geigenbauer: »Ich hätte gerne einen Kontrabass!«
»Da sind Sie hier falsch, tut mir leid. Den bekommen Sie beim Schreiner!«

»Kontrabässe! Habt Ihr gestimmt?«
»Nee, die Saiten sind doch noch straff.«
»Du Blödmann! Die Wirbel müssen alle in die gleiche Richtung zeigen!«

Der Geiger läuft lachend durchs Theater, hinter ihm der Kontrabassist, mit dem Bogen drohend und ausholend. Der Kapellmeister hält beide auf und erkundigt sich, was los sei. Der Geiger kann vor Lachen immer noch nicht antworten, stattdessen sagt der Bassist verärgert: »Der hat mir eine Saite verstimmt und sagt mir nicht, welche!«

Ein Kontrabassist kommt zu spät zur ersten Probe des Weihnachtsoratoriums. Er packt seinen Bass aus, sieht den Dirigenten an und sagt: »Okay, kann losgeh'n!«
Darauf der Dirigent: »Wollen Sie nicht erst mal stimmen?«
Bassist: »Wieso? Spielen wir nicht dasselbe wie letztes Jahr?«

Dirigent zum Bassisten: »Ich glaube, Ihr Cis ist zu tief!«
Bassist schaut aufs Griffbrett, spricht: »oh ja, stimmt«, und rutscht mit der Hand 5 cm das Griffbrett rauf.

Wie viele verschiedene Griffe gibt es auf dem Kontrabass?
Zwei: auf und zu.

Was ist der Unterschied zwischen einem Kontrabass und einem Sarg?
Beim Sarg ist der Tote innen.

Das Schiff sinkt schnell über den Bug. Der Bassist klammert sich an sein Instrument und denkt: »Ein Glück, dass ich nicht Flötist geworden bin!«

Ein Junge nimmt Kontrabassstunden. In der ersten Stunde spielt er nur die A-Saite, in der zweiten Stunde dann noch das D. Danach kommt er nicht mehr zum Unterricht.
Nach einiger Zeit trifft ihn der Kontrabasslehrer auf der Straße und fragt: »Wo warst du denn? Wir hatten doch Unterricht!«
»Keine Zeit, zu viele Konzerte!«

Registerprobe Bassgruppe. Ein Kontrabassist spielt nur Mist. Zu Beginn der nächsten Probe kommt er freudestrahlend zum Stimmführer:
»Ich weiß jetzt, woran es gelegen hat: Der Stachel war zu weit raus!«

## Bläser

Was haben Bläser und Vampire gemeinsam?
Furchtbare Angst vor Kreuzen!

Was ist der Unterschied zwischen einer Trompete und einer Kettensäge?
Mit einer Kettensäge lässt sich besser improvisieren!

Wie bekommt man einen Trompeter auf 1,0 Promille?
3 Tage keinen Alkohol!

Hochhaus, 18. Stock. Ein Trompeter und eine Trompete fallen aus dem Fenster. Wer kommt zuerst unten an?
Spielt keine Rolle, Hauptsache, beide fallen!

Wie viele Trompeter braucht man, um eine Glühbirne zu wechseln?
Vier. Einer stellt sich auf den Tisch und die anderen drei trinken, bis sich der Raum dreht.

Kurz vor dem Konzert trifft der Dirigent den Solotrompeter. Etwas nervös und besorgt spricht er den Trompeter auf sein Solo an. Doch dieser beruhigt ihn: »Keine Sorge, Maestro, das habe ich schon so oft gespielt, irgendwann muss es ja mal klappen!«

Nach einem nicht so richtig geglückten Solokonzert kommt der Trompetensolist zum Dirigenten und fragt: »Was geben Sie mir für mein Spiel?«
Der Dirigent: »50 Meter Vorsprung.«

Ein Pianist und ein Trompeter wollen gemeinsam spielen.
Sagt der Pianist: »Spielen wir mal C7?«
Der Trompeter überlegt eine Weile und meint schließlich: »Das ist aber verdammt hoch.«

Treffen sich ein Trompeter und ein Tubist im Bauch des Dirigenten.
Fragt der Tubist: »Na, hat der Dirigent dich auch aufgefressen?«
»Nee, ich bin hinten reingekommen.«

Dirigent zum Trompeter: »Sie sollten Lotto spielen, das waren schon sechs Richtige.«

Trompeter auf einer feinen Party zum Gastgeber: »I bin so dumm, i hob koanen Gesprächspartner hier.«
Darauf der Gastgeber freundlich: »I bin a dumm, mit mir konnst de unterhoitn.«
Darauf der Trompeter: »Ah, des is guat, wos host'n du für a Mundstück?«

Der Besuch des Trompeters fragt nachts nach der Uhrzeit. Der Trompeter hat keine Uhr, macht aber das Fenster auf und bläst kurz ein lautes Stück.
Kurze Zeit später geht gegenüber das Fenster auf: »Seid ihr verrückt da drüben, es ist halb zwei!«

Die neun Lügen eines Trompeters:
1. Im nächsten Stück spiele ich kein Solo.
2. Ich brauche kein Stimmgerät, ich kann das auch ohne.
3. Ich höre mich nicht.
4. Ich habe schon leiser gespielt!
5. Komisch, heute Mittag konnte ich's noch …

6. Was du da spielst, ist super.
7. Ja, ich habe geübt.
8. Ja, ich habe meine Trompete gestimmt.
9. Nein, deine Freundin kenne ich nicht.

»Hey, schickes Auto! Wie hast du denn das finanziert?«
»Ich habe meine Trompete beim Autohändler in Zahlung gegeben.«
»Und das hat er akzeptiert?«
»Ja, er war sogar sehr glücklich, er wohnt direkt über mir ...«

Orchesterprobe, Melodie in der Trompetenstimme – forte.
Der Dirigent bricht ab: »Jetzt das Ganze nochmal im forte.«
Die Trompeter atmen tief ein und legen los.
Der Dirigent bricht wieder ab: »Nein, nein, forte, bitte!«
Die Trompeter kriegen schon hochrote Köpfe, aber der Dirigent winkt schon wieder ab.
Darauf der erste Trompeter: »Tut uns leid, lauter geht's nicht!«
Der Dirigent: »Wieso lauter? Forte, nicht Fortissimo!«

Trompeter zum Hornisten: »Grüße ihn bitte ganz lieb von mir, ja?«
Hornist: »Wen denn?«
Trompeter: »Na, den Ton, wenn du ihn denn mal treffen solltest!«

Ein Dirigent fordert vom Hornisten so lange, leiser zu spielen, bis dieser frustriert in der Generalprobe gar nicht mehr spielt.
»Jetzt war es schon fast gut, in der Aufführung aber bitte noch etwas leiser!«

Womit kämpft die Horngruppe?
Der erste Hornist kämpft mit der Höhe, der zweite Hornist mit der Intonation, der dritte Hornist kämpft mit den Pausentakten und der vierte Hornist mit dem Schlaf.

In der Orchesterprobe der Bottroper Symphoniker kiekst an einer sehr diffizilen Stelle das erste Horn. Der Dirigent sagt nichts und wiederholt – der Hornist kiekst wieder. Beim dritten Mal reicht es dem Dirigenten: »Wann spielen Sie endlich richtig?«

Der Hornist: »Wenn ich das könnte, würde ich nicht in Bottrop sitzen.«

»Sagen Sie mal«, will der Richter wissen, »warum haben Sie denn das Flügelhorn Ihres Nachbarn gestohlen, Sie können doch gar nicht spielen?«
»Das stimmt, aber mein Nachbar auch nicht!«

Warum spielen Hörner immer so gerne nachschlagend?
Tun sie gar nicht, der Ton braucht nur so lange, bis er durchs Instrument durch ist.

Woran erkennt man, dass ein Hornist an der Haustür klingelt?
Die Klingel kiekst.

Wie wird das Horn auch genannt?
Glücksspirale.

Was sagt die Freundin des Hornisten zu ihm, wenn er sie küsst?
»Nimmst du bitte die Faust aus meinem Hintern!?«

Was ist der Unterschied zwischen einem Hornisten und einem Eichhörnchen, die beide hinten in einem Taxi sitzen?
Das Eichhörnchen ist wahrscheinlicher unterwegs zu einem Job.

Warum ist das Horn ein göttliches Instrument?
Ein Mensch bläst zwar hinein, aber Gott allein weiß, was rauskommt.

Was suchen Hörner am Büfett?
Nachschlag!

Kommt ein Hornist zum Instrumentenwart und sagt: »Ich hätte gerne einen Dämpfer für mein Horn.«
Sagt der Instrumentenwart: »Okay, das ist ein fairer Tausch.«

Zwei Hörner halten Quinten aus. Auf einmal setzt der erste Hornist sein Instrument ab und sagt wütend zum zweiten: »Du treibst!«

In der Pause eines Konzertes kommt der Dirigent zum ersten Hornisten und sagt: »Na, mein Lieber, außer Kollegen haben Sie heute hier noch nicht viel getroffen, was?«

Was ist Chromatik?
Wenn ein Posaunist versucht, immer den gleichen Ton zu treffen!

Was ist der Unterschied zwischen einem guten Posaunisten und einem Yeti?
Es gibt Leute, die behaupten, sie hätten schon mal den Yeti gesehen.

Wie verbessert man die Aerodynamik eines Posaunisten-Autos?
Man nimmt das Pizza-Blitz-Schild vom Dach.

Was haben ein Posaunist und ein Blitz gemeinsam?
Keiner von beiden trifft zweimal die gleiche Stelle.

Auf der Straße liegen ein totgefahrener Frosch und ein totgefahrener Posaunist. Wo ist der Unterschied?
Vor dem Frosch sind Bremsspuren.

»Haben sich denn die vielen Posaunenstunden für deine Tochter gelohnt?« »Klar, ich konnte die Nachbarwohnungen alle ziemlich billig kaufen!«

»Stell dir vor, wie ich neulich auf der Posaune geübt habe, hat der Nachbar mit einem großen Stein die Fensterscheibe eingeworfen!«
»So ein Depp, jetzt hört er dich ja noch lauter!«

Wie kann man mit einer Posaune wie auf einem Waldhorn spielen?
Eine Hand in den Trichter stecken und lauter falsche Töne spielen.

Ein Posaunist hat keine Lust, am Feiertag aufzutreten, sondern möchte da lieber ausschlafen. Er fragt seinen Hausmeister: »Sagen Sie mal, können Sie übermorgen für mich an der Posaune einspringen?«
»Wie, ich? Ich kann doch gar nicht Posaune spielen.«
»Ist doch ganz einfach. Da sitzen noch fünf andere, wenn die das Instrument an den Mund nehmen, machen Sie das auch, und wenn sie die Posaune wieder absetzen, stellen Sie die Posaune auch wieder ab.«
Der Hausmeister lässt sich überreden. Am Abend nach der Aufführung treffen sie sich wieder.
»Na, wie war's?«, fragt der Posaunist, »hat alles geklappt beim Konzert?«
»Von wegen geklappt!«, antwortet der Hausmeister, »die anderen fünf waren auch alle Hausmeister!«

Mitten in der Wüste sitzt ein Mann und spielt schwungvoll Posaune. Ein Löwe umkreist ihn und legt sich dann hin. Dann kommen noch zwei und legen sich dazu. Nach einiger Zeit kommt ein vierter und frisst den Posaunisten auf. Oben auf einem Kaktus meint ein Geier zum anderen:
»Ich hab's dir ja gesagt: Wenn der Taube kommt, ist es mit der Musik vorbei!«

Nach einem Probespiel, der Aufnahmeprüfung in einem Orchester, muss der hervorragende neue Posaunist Intervalle hören. Der Dirigent spielt ihm C und E vor, eine große Terz. Er denkt lange nach und sagt dann: »Sekunde.«
Die anderen Orchestermitglieder rufen alle: »Gib ihm noch 'ne Chance!«
Der Posaunist hört noch einmal und probiert es mit: »Quarte.«
Das ganze Orchester noch einmal: »Gib ihm noch 'ne Chance!«
Jetzt hört der Posaunist nochmal ganz genau hin und entscheidet sich für: »Terz.«
Die anderen Posaunisten: »Gib ihm noch 'ne Chance!«

Was ist ein »Eisenbahn-Winnetou-Posaunist«?
Einer, der sich per Zug an den richtigen Ton heranschleicht!

Posaunisten kommen auf die Welt, machen Pause und sterben.

Warum spielen Tubaspieler nie Verstecken?
Keiner würde sie suchen.

Was ist statistisch gesehen die häufigste Erkrankung bei Tubaspielern? Tubakulose.

Was ist BSE?
Der Dur-Dreiklang beim Tuba-Trio!

Was sind die drei Unterschiede zwischen einer Tuba und einer Waschmaschine?
- Die Waschmaschine vibriert regelmäßiger.
- Was rauskommt, ist sauber.
- Ins Schleudern kommt sie erst am Schluss.

Welches Instrument spielt Gott?
Die Tuba.
Denn im Vaterunser steht schon:
»Vater unser, der Tubist im Himmel ...«

Kevin war am Vorabend auf einer feucht-fröhlichen Party und erzählt am anderen Tag seiner Mutter ganz aufgebracht, dass die Leute, bei denen er auf der Party war, ein goldenes Klo haben. Seine Mutter glaubt das nicht, das könne ja gar nicht sein. Also schnappt sich Kevin seine Mutter und fährt zu den Gastgebern und klingelt.

»Hallo, ich war gestern bei euch auf der Party und wollte meiner Mutter mal das goldene Klo zeigen.«

Ruft die Frau nach hinten zu ihrem Mann: »Du, da ist der Typ, der gestern in deine Tuba geschissen hat!«

Folgende Mathe-Aufgabe wurde in einem Quiz des örtlichen Blasorchesters gestellt:

*2005 kostete ein Sack Kartoffeln 25 Euro.*

*2015 kostete der Sack Kartoffeln 35 Euro.*

Aufgabenstellung für die Hornisten: *Errechne den Unterschied in Prozent.*

Aufgabenstellung für die Trompeter: *Errechne den Unterschied in Euro.*

Aufgabenstellung für die Schlagzeuger: *Unterstreiche Kartoffeln.*

Fragt ein Tubist den Schlagzeuger: »Ey, was ist eigentlich eine Synkope?«
Der Schlagzeuger: »Deine Eins!«

Warum braucht ein Fagottist mehr als 10 Minuten, um eine Glühbirne zu wechseln?
Er probiert mindestens fünf aus, bis er die Birne gefunden hat, die am wenigsten ungeeignet ist.

Was ist der Fachausdruck für das Fagott?
Ein Didgeridoo mit Klappen.

An einer Stelle hat ein Kontrafagottist tatsächlich mal einen Ton zu spielen. Er meldet sich deshalb und fragt den Dirigenten, wie der Ton klingen sollte. Er spielt einen Ton vor. BÖÖÖÖ. »Oder doch lieber so?« BÖÖÖÖÖÖÖÖ!!!
»Eigentlich egal«, sagt der Dirigent, »aber ziehen Sie bitte danach die Spülung!«

Wie wird die Oboe in Fachkreisen genannt?
Krisenstab.

Wie wird die Blockflöte in Fachkreisen genannt?
Notholz.

Wie klingt eine Oboe, wenn sie forte spielt?
MÖÖÖÖP.
Und wie klingt eine Oboe, wenn sie piano spielt?
ffffffffffffMÖÖÖÖP.

Wie klingt eine Klarinette am schönsten?
Leise knisternd im Kamin!

Warum sind Klarinetten am Mundstück schräg geschnitten?
Damit man sie am Lagerfeuer besser zusammenstellen kann.

Klarinetten sind Instrumente des Teufels. Wenn Gott gewollt hätte, dass Holz Musik macht, hätte er die Bäume singen lassen.

Was sind fünf Klarinetten am Meeresgrund?
Ein guter Anfang.

Was erhält man, wenn man Violinen mit Klarinetten kreuzt?
Streichhölzer.

Warum hört man Klarinette nicht auf MP3s?
Die moderne Technik filtert störende Nebengeräusche sehr gut raus.

Was ist eine Klarinette in Salzsäure?
Ein gelöstes Problem.

Was ist der Unterschied zwischen einer Handgranate und einer Klarinette?
Keiner! Sobald man's hört, ist's zu spät!

Eine Gruppe Forschungsreisender bahnt sich ihren Weg durch den Urwald. Die eingeborenen Träger haben eine nahezu unerklärliche Eile, weiterzukommen. Irgendwann bemerken die Forscher, dass ein ständiges Trommeln zu hören ist und langsam näher kommt. Die Gruppe bahnt sich einen Weg nahe an der Quelle des Trommelns vorbei, ohne den Trommler oder sonst wen zu Gesicht zu bekommen und beginnt, sich wieder zu entfernen. Die Träger haben es noch eiliger. Plötzlich bricht das Trommeln ab. Die Eingeborenen werfen sofort ihre Lasten ab und laufen in alle Richtungen davon, so schnell sie können. Die Forscher schaffen es gerade noch, einen der ältesten Träger einzuholen und zur Rede zu stellen: »Warum lauft ihr weg? Was bedeutet das Trommelsignal?« – »Ganz schlecht, ganz große Gefahr!« – »Wie gefährlich?« – »Riesige Gefahr, weglaufen, so schnell wie können!« – »Welche Gefahr? Krieg, Katastrophe, Raubtier, was denn?« – »Große Gefahr. Wenn stoppen Trommel, anfangen Klarinetten-Solo!«

Der Dirigent fragt einen Klarinettisten:
»Weißt du, warum du die 3. Klarinette spielst?«
Der Klarinettist schüttelt den Kopf.
»Weil es leider keine 7. Klarinette gibt!«

Der Dirigent unterbricht zum fünften Mal den Durchlauf der Symphonie und tadelt den Soloklarinettisten, weil er immer dieselbe Stelle falsch spielt. Sagt der Klarinettist zum Maestro: »Was regen Sie sich unnötig auf? Die Solostelle ist technisch nicht schwer – nur zum Greifen ist sie ein bisschen blöd.«

Ein Klarinettist geht durch den Wald. Da erscheint ihm eine gute Fee und gewährt ihm einen Wunsch. Er sagt: »Zurzeit gibt es so viele Kriege. Ich wünsche mir, dass alle aufhören.«
Darauf die Fee: »So viele Kriege, so viele Ursachen, das ist sehr komplex, da kann man nichts machen. Hast du nicht einen anderen Wunsch?« Der Klarinettist: »Ich übe jetzt schon so lange die C-Dur-Tonleiter, ich wünsche mir, dass ich sie einmal ohne Kiekser und nur mit richtigen Tönen spielen kann.«
Ohne zu zögern sagt die Fee: »Welchen Krieg sollen wir denn zuerst beenden?«

Wie bekommt man zwei Piccoloflötisten dazu, unisono zu spielen?
Erschieße einen!

Was ist der Unterschied zwischen einem weißen T-Shirt und einer Piccoloflöte?
Mit einem weißen T-Shirt kann man sich sehen lassen.

Wie weit kommt eine Piccoloflöte?
Mit Anlauf 20 bis 30 Meter …

Wie viele Flötisten braucht man, um eine Glühbirne zu wechseln?
Einen! Aber der kauft für 10 000 Euro eine massive Sterlingsilber-Birne.

Wie viele Flötisten benötigt man, um eine gute Komposition zu ruinieren?
Mindestens einen.

Die Flötistin packt in der Opernpause ihre Sachen zusammen und will gerade den Operngraben verlassen. Der Dirigent hält sie auf: »Wo wollen Sie denn hin?«
»Nach Hause. In meinen Noten steht, der nächste Akt spielt in 6 Monaten. Aber so lang kann ich unmöglich warten.«

Wie viele intelligente Saxofonisten passen in eine Telefonzelle?
Alle!

Warum spielen Saxofonisten am liebsten im Gehen?
Weil bewegliche Ziele schwerer zu treffen sind!

Was ist der Unterschied zwischen einem Rasenmäher und einem Saxofon?

- Der Rasenmäher ist einfacher zu stimmen.
- Rasenmäher klingen besser in kleinen Ensembles.
- Die Nachbarn sind verärgert, wenn man einen Rasenmäher borgt und nicht mehr zurückgibt.
- Der Griff.

Was haben der Blinddarm und ein Saxofonist gemeinsam?

- Sie können beide große Schmerzen verursachen.
- Man vermisst sie nicht, wenn man sie los ist.
- Und bei beiden kann niemand sagen, wozu sie eigentlich gut sind.

Was ist ein Saxofonist, der Alt- und Tenorsax spielt? Bisaxuell.

Eine Mutter spaziert mit ihrem Sprössling in eine Musikschule und fragt den Verkäufer: »Wie lange dauert es, bis mein Sohn Trompete spielen kann?«
»So vier bis fünf Jahre müssten Sie da schon rechnen.«
Das dauert ihr zu lange. Sie fragt weiter: »Wie lange dauert es, bis mein Sohn Flöte spielen kann?«
»Ja, so drei bis vier Jahre dauert das schon.«
Das dauert ihr auch zu lange und sie bohrt nach. »Wie lange dauert es, bis mein Sohn Saxofon spielen kann?«
»Haben Sie noch etwas in der Stadt zu tun?«

Sagt ein Mann zu seiner Freundin: »So, Schätzchen, jetzt tut's ein bisschen weh!«
»Nicht das Saxofon, bitte nicht Saxofon spielen!«

Ein Mann zu einem anderen: »Meine Frau spielt die ganze Zeit die beleidigte Leberwurst.«
»Hast du's gut, meine spielt Saxofon.«

Wie viele Mundharmonikaspieler braucht man, um eine Glühbirne eindrehen zu lassen?
Eigentlich nur einen, aber man will ja alle mal ausprobieren!

## Schlagwerk

Der Dirigent winkt ab: »Wir beginnen noch einmal ab Takt 3.«
Ruft der Schlagzeuger: »Sorry, Chef, wir haben keine Taktzahlen.«

Schlagzeuger bei der Aufnahmeprüfung an einer Musikhochschule, Gehörbildung. Der Professor spielt ihm hintereinander zwei Töne vor: Erst D, dann F, eine kleine Terz.
»Wie nennt man das?«, fragt der Professor.
»Kann ich das nochmal hören?«
Wiederum erklingt das D, dann das F.
»Hm, Moment, gleich hab ich's! Bitte noch ein drittes Mal!«
Und wieder: D – F.
»Ja, ich hab's! Das ist ein Klavier!«

Ein Mädchen übt lautstark auf seinem Schlagzeug. Die Mutter seufzt: »Manchmal wünsche ich mir, du würdest im Radio spielen.«
»Wirklich, Mama?«
»Ja, dann könnte ich dich nämlich abstellen.«

Gehen zwei Schlagzeuger die Treppe runter. Einer stolpert und schlägt sich das Knie blutig.
Er sagt zu seinem Kumpel:
»Kannst du mir ein Tempo geben?«
»Klar! – Eins. Zwei. Eins, zwo, drei, vier …«

Warum ist ein Schlagzeugsolo wie ein Nieser?
Du weißt nicht, wann es kommt, aber du kannst es nicht vermeiden!

Warum gelten Schlagzeuger als Männer für eine Nacht?
Weil sich schon nach der einen Nacht rausstellt, dass sie nie im richtigen Moment kommen.

»Schlagzeuger! Spielen Sie doch mal dynamisch!«
»Wie? Dynamisch? Lauter kann ich nicht.«

Treffen sich zwei Trommler.
» Hab mir letztens 'nen Duden gekauft.«
»Und, wie klingt er?«

Was ist die einzig richtige Methode, Schlagzeug zu spielen?
Mit einem offenen Taschenmesser.

## Dirigenten

In einer Zoohandlung. Ein Mann möchte einen Papageien erwerben. Sein Favorit ist ein stattlicher roter Ara. »Was soll der denn kosten?« – »4500 €!« – »Was!? Wieso denn so viel?« – »Ganz einfach«, entgegnet der Besitzer des Ladens, »der kann sämtliche Wagner-Opern auswendig daherpfeifen.«
Der Kunde sieht sich um und findet ein hässliches graues und zerzaustes Exemplar. »Und der? Der ist bestimmt günstiger ...«, fragt er. »Nö, der kostet 10 000.« – »Wieso? Was kann der denn alles?« – »Der kann nix. Aber die anderen sagen ›Maestro‹ zu ihm.«

»Kennst du die Geschichte, wo der Dirigent mit 'nem Strick in den Wald geht?«
»Nein, aber sie fängt ganz gut an!«

Was ist der Unterschied zwischen einem Stier und einem Orchester?
Beim Stier sitzen die Hörner vorn und das Arschloch hinten!

Was ist der Unterschied zwischen einem Dirigenten und einem Kutscher?
Der Kutscher schaut während der Arbeit nur auf zwei oder vier Arschlöcher.

Sagt ein Chorsänger zum anderen:
»Hey, warum könnte unser Dirigent ohne Bedenken zwei Finger in eine Steckdose stecken? Na, weil er ein schlechter Leiter ist ...«

Ein begeisterter junger Dirigent zu Opernabonnenten:
»Haben Sie gestern meinen Tristan gehört?«
»Ach! Haben Sie auch einen geschrieben?«

Unterhalten sich ein Wiener und ein Berliner Philharmoniker über die Eigenarten der Einsätze von Wilhelm Furtwängler. Der Berliner:
»Also, wenn die Taktstockspitze, nachdem sie einen jenauen Dreiviertelkreis beschrieben hat, die vordere rechte Ecke des Pultes in einem exakten spitzen Winkel von 34,7° berührt, setzen wir ein. Und ihr in Wien?«
»Also, wann's uns zu bleed werd, fang'n mer oanfach an.«

Eine musikaffine Prostituierte lässt sich auf die rechte Schenkelinnenseite ein Bild des Dirigenten Herbert von Karajan tätowieren, auf die linke eins von Leonard Bernstein. Kunden, die beide erkennen, werden kostenlos bedient.
Der erste Freier erkennt: »Rechts: Karajan. Links: keine Ahnung.«
Er muss bezahlen.
Der zweite: »Rechts: Karajan. Links: nie gesehen.«
Auch er bezahlt.
Der dritte Kunde dagegen:
»Rechts: Karajan. Links: keine Ahnung. Aber der in der Mitte ist Simon Rattle.«

Was ist der Unterschied zwischen Gott und einem Dirigenten?
Gott weiß, er ist kein Dirigent.

Der Dirigent sagt zu seinem Orchester:
»Meine Damen und Herren, dass wir nicht alle in der gleichen Tonart spielen, das macht nichts. Dass wir nicht gleichzeitig anfangen, das macht auch nichts. Dass jeder sein eigenes Tempo hat, kann vorkommen. Aber könnten wir nicht wenigstens alle das gleiche Stück spielen?«

Der Dirigent steht vor seinem Orchester. Die Musik klingt immer erbärmlicher und schiefer und die Musiker kommen vollkommen aus dem Takt.
Hilfesuchend schauen sie zu ihm, doch der flüstert aufgelöst:
»Nicht auf mich schauen! Ich bin auch raus!«

Der junge, neue Dirigent unterbricht mit der Bemerkung:
»Die Posaunen klingen aber merkwürdig.«
Darauf der erste Posaunist:

»Wir haben 2 Tenorposaunen und eine Alt.«
Der Dirigent:
»Dann wird eben eine neue gekauft.«

Der Gastdirigent unterbricht immer wieder aus unwichtigen Gründen. Der Konzertmeister spricht schließlich für das sichtlich erboste Orchester:
»Wenn Sie noch einmal unterbrechen, spielen wir so, wie Sie dirigieren.«

Was ist der Unterschied zwischen einem Chorleiter und einem Schimpansen?
Es ist wissenschaftlich erwiesen, dass Schimpansen mit Menschen kommunizieren können.

Zuerst die gute Nachricht: Auf einer Studienfahrt ist ein Schiff mit 50 Dirigenten an Bord gesunken.
Jetzt die schlechte: Über die Hälfte konnte gerettet werden.

Sagt der Arzt zum Dirigenten:
»Leider muss ich Ihnen sämtliche geistige Tätigkeit streng verbieten.«
»Aber Musical darf ich doch wohl noch dirigieren?«
»Selbstverständlich.«

Es gibt Dirigenten, die hören absolut – absolut gar nichts.
Und es gibt Dirigenten, die hören relativ – relativ wenig.

»Eigentlich hab ich mal Bratsche gespielt, aber dann bin ich sehr günstig an einen Taktstock gekommen ...«

Ein Dirigierstudent ist durch die Musiktheorie-Prüfung gefallen. Er darf sie wiederholen, aber er fällt wieder durch.
Enttäuscht erzählt er seinen Freunden:
»Das konnte ja auch nix werden. Derselbe Raum, dieselben Prüfer, dieselben Fragen ...«

Kollegenstammtisch der Dirigenten:
»Stellt euch vor, auf meiner Konzertreise durch den Nahen Osten wurde mein Wagen auf der Fahrt von Haifa nach Jerusalem von Terroristen beschossen.«
»Wahnsinn. So viel musikalischen Sachverstand hätte ich den Arabern gar nicht zugetraut.«

Wie erzeugt man ein strahlendes Leuchten im Auge eines Dirigenten?
Man hält ihm eine eingeschaltete Taschenlampe ans Ohr!

Was ist der Unterschied zwischen Robotern und Dirigenten?
Roboter sind manchmal richtig menschlich.

Was braucht man, wenn man einen Dirigenten findet, der bis zum Hals im Beton steckt?
Mehr Beton!

Was haben Kondome und Dirigenten gemeinsam? Mit ist sicherer, aber schöner ist es ohne.

Wie ist das optimale Gewicht eines Dirigenten? 679 Gramm – mit der Urne.

Was ist der Unterschied zwischen einem Dirigenten und einem Außerirdischen? Den Außerirdischen versteht man vielleicht!

Was ist der Unterschied zwischen einem Joghurt und einem Dirigenten? Der Joghurt hat Kultur!

Harnoncourt, Hogwood und Gardiner stürzen gemeinsam mit einem Flugzeug über dem Atlantik ab. Wer wird gerettet? Mozart.

Intensive Orchesterprobe, der Dirigent ist voll konzentriert.
Da schlägt der Paukist in die Generalpause!
Dirigent: »Wer war das?«

Fragt ein Musiker den Pförtner:
»Warum fällt heute die Probe aus?«
»Der Dirigent ist gestern an einem Herzinfarkt gestorben.«
Nach einer Weile kommt der Musiker wieder:
»Warum fällt heute denn die Probe aus?«
»Ich habe Ihnen doch schon erklärt, dass der Dirigent gestorben ist. Warum fragen Sie das denn immer wieder?«
»Ach, wissen Sie, ich kann's nicht oft genug hören!«

»Was dirigiert der Maestro denn heute?«
»Ich hab keine Ahnung, was er dirigiert. Wir spielen Beethovens Fünfte.«

Der Dirigent einer Blaskapelle unterbricht die Probe:
»Der zweite Trompeter hat gerade falsch gespielt!«
Darauf der erste Trompeter:

»Der ist doch gar nicht da.«
»Dann sagen Sie es ihm eben, wenn er kommt.«

Was heißt »Dirigent« auf Arabisch?
Nochma ab da!

## Tasten und Zupfen

Es klingelt an der Tür.
»Guten Tag, ich bin der Klavierstimmer.«
»Aber ich habe Sie ja gar nicht bestellt!«
»Das waren Ihre Nachbarn!«

Der Klavierstimmer fragt die Mutter:
»Wo ist hier bitte das WC?«
»Also da müssen Sie meine Kinder fragen, ich kenn' mich auf dem Klavier nicht aus.«

Eine Frau möchte ihr Klavier in ihre neue Wohnung transportieren lassen und bestellt dafür Möbelpacker. Es klingelt, sie macht auf und draußen steht ein einarmiger Mann.

»Oh mein Gott, Sie haben ja nur einen Arm!«
»Ja, na und? Haben Sie zwei Klaviere?«

Im Wilden Westen, irgendein Provinznest. Im örtlichen Saloon klimpert ein Klavier. Ein paar staubige Desperados spielen Poker. Plötzlich springt einer der Männer auf, zieht seinen Revolver und zischt:
»Einer von euch spielt falsch!«
»Okay, okay«, sagt der Pianist und verschwindet mit erhobenen Händen.

Nach dem Konzert wird der Pianist gefragt:
»Gibt es Ihrer Meinung nach noch wirklich geniale Künstler?«
»Nun, wir sind sehr wenige ...«

Beim Klavierkauf:
»Sind die Tasten aus echtem Elfenbein?«
»Allerdings!«
»Wieso sind sie dann so gelb?«
»Es tut mir leid, aber der Elefant war starker Raucher.«

»Ich würde diesen Steinway mit einer kleinen Änderung kaufen.«
»Was soll denn geändert werden?«
»Der Preis.«

»Den Flügel kann ich Ihnen zum Katalogpreis verkaufen.«
»Ja, prima. Was kostet denn der Katalog?«

Der Barpianist zum Restaurantbesitzer:
»Ihr Klavier ist übrigens sehr verstimmt.«
»Ach ja, worüber denn?«

Welches ist das älteste Instrument?
Das Akkordeon, es hat die meisten Falten.

Die Harfenistin stimmt immer. Die Harfe nie.

Sagt ein Harfenist: »Ich bin jetzt seit 40 Jahren Harfenist!
10 Jahre habe ich gespielt und 30 gestimmt!«

Wie lange hält die Stimmung einer Harfe?
15 Minuten oder bis einer die Tür aufmacht.

»Wie schrecklich! Ein Terrorist hat zwanzig Akkordeonspieler als Geiseln genommen!«
»Ja, und?«
»Er droht, jede Stunde einen freizulassen!«

Im mittleren Westen der USA geschah neulich etwas Schreckliches. Ein Musiker ließ sein Banjo im abgeschlossenen Auto 15 Minuten liegen.
Als er zurückkam, waren zwei Banjos drin.

Eine junge Dame spielt zu Hause Klavier, als es an der Wohnungstür klingelt. Sie öffnet die Tür – dort stehen zwei Polizisten.
»Wir haben einen Anruf aus der Nachbarschaft erhalten. Hier soll angeblich ein Herr Schubert schwer misshandelt werden.«

## »Dieses grelle Sonnenlicht!«

### Jazz, Rock, Pop

#### Jazz

Zwei Männer stehen am Straßenrand und winken sich ein Taxi herbei. Der eine trägt eine Gitarrentasche auf dem Rücken, der andere hat Drumsticks in der Hand. Preisfrage: Wer ist der professionelle Jazzmusiker?
Der Taxifahrer.

Wie viele Jazzmusiker braucht man, um eine kaputte Glühbirne auszuwechseln?
Fünf. Einen, der die Birne wechselt, und vier, die wissen wollen, wie er an den tollen Job gekommen ist.

Was macht ein Jazzmusiker, der eine Million im Lotto gewonnen hat?
Er spielt weiter seine Gigs, bis das Geld aufgebraucht ist.

Nach eingehender Untersuchung und Vorlage aller Ergebnisse muss der Arzt dem Jazzmusiker die traurige Mitteilung machen: »Sie haben nur noch drei Monate zu leben.«
Der Jazzer bestürzt: »Aber wovon denn???«

Ein Trompeter prahlt beim Dirigenten: »Ich spiele so laut wie Louis Armstrong, so hoch wie Maynard Ferguson, so gut wie Dizzy Gillespie und so cool wie Chet Baker.«
Er spielt vor, dann sagt der Dirigent:
»Ich wünschte, Sie wären so tot wie Miles Davis.«

Warum kann ein Gorilla niemals Lead-Trompeter in einer Big Band werden?
Viel zu sensibel!

Was ist ein Jazzposaunist ohne Freundin?
Obdachlos.

Wie viele Saxofonisten benötigt man, um eine Glühbirne zu wechseln?
50. Einer wechselt die Birne und 49 diskutieren, wie Charlie Parker das gemacht hätte.

Treffen sich zwei Jazzsaxofonisten auf der Straße. Der eine zum anderen:
»Hey, hab mir deine neue CD gekauft, echt cool!«
»Ach, DU warst das!«

Warum ist die Pause beim Jazzkonzert auf 20 Minuten begrenzt?
Damit man den Schlagzeuger nicht neu anlernen muss.

Was heißt »Schlagzeuger« auf Chinesisch?
No Tai Ming.

Warum legen Schlagzeuger immer ihre Sticks aufs Armaturenbrett?
Damit sie auch auf Behinderten-Parkplätzen parken dürfen.

Probe in der Jazzband. Der Drummer tippt den Bassisten an und fragt:
»Was sind eigentlich Tschangeto-Sticks?«

Darauf der Bassist irritiert: »Woher soll ich das wissen?! Du bist doch der Drummer! Wie kommst du denn darauf?«
Da zeigt der Drummer in den Noten auf die Stelle: Change to sticks.

Der Jazz Drummer geht zum Psychologen.
– Drummer: »Ich habe ein großes Problem.«
– »Und wel-«
– Drummer: »Timing.«
– »ches?«

Warum sitzen Bassisten im Flieger immer in der ersten Reihe?
Wenn der Flieger abstürzt, kommt der Getränkewagen noch mal vorbei.

Ein zerstrittenes Ehepaar, das bereits seit Monaten nicht miteinander spricht, wird vom Paartherapeuten in ein Jazzkonzert geschickt. Danach ist alles wieder in Butter. Ein Kollege fragt den Therapeuten, wie er das denn nur hingekriegt hätte und der meint darauf nur: »Du weißt doch – spätestens beim Bass-Solo fangen ALLE an zu reden.«

Was tut man, wenn ein Jazzbassist vor der Tür steht? Man gibt ihm Geld und nimmt die Pizza entgegen.

In der Probe. Fragt der Bassist den Pianisten:
»Du, wo sind wir gerade?«
Darauf der Pianist:
»Geht dich gar nichts an!«

Was ist der Unterschied zwischen einem Rockmusiker und einem Jazzer?
Der Rocker spielt 3 Akkorde vor 1000 Zuschauern.

## Kein Jazz

Was geht den Musikern einer Rockband während ihres Auftritts durch den Kopf?
Dem Sänger: »Ich bin so unglaublich attraktiv und talentiert. Die halbe erste Reihe geht nachher mit mir aufs Hotelzimmer!«
Dem Gitarristen: »Ich seh' beim Gitarrespielen so gut aus und spiele so fantastisch, die ganze erste Reihe geht nachher mit mir aufs Hotelzimmer.«
Dem Drummer: »Mann, ist das schnell! Darf ja nicht schleppen ...«
Dem Bassisten: »E, E, E, E, A, A, A, A, E, E, E, E ...«

Wie viele Countrymusiker braucht man, um eine Glühbirne zu wechseln?
Fünf. Einer wechselt die Glühbirne und die vier anderen singen, wie schön die alte war.

Was passiert, wenn man einen Countrysong rückwärts spielt?
Man kriegt sein Haus, seine Frau und seinen Job zurück und der Hund wird wieder lebendig.

Wie viele Bassisten braucht man, um eine Glühbirne zu wechseln?
Keinen. Das kann der Keyboarder auch mit der linken Hand.

Warum gibt es Bass-Soli?
Damit die Leute endlich in Ruhe bestellen können.

Ein anderer Ausdruck für Bassist?
Chauffeur mit vier Saiten.

Was sitzt im Proberaum und hat einen IQ von 54?
Zwei Bassisten.

Kommt ein Bassist ins Musikgeschäft:
»Ich brauche ein neues Kabel.«
Händler:
»Wie lang?«
Bassist:
»So vier bis fünf Wochen.«

Was ist der Unterschied zwischen Pflaumenmus und einem Bassisten?
Pflaumenmus treibt.

Was macht der Bassist, nachdem er die Schlüssel im Auto liegengelassen und die Tür zugeschlagen hat?
Er versucht den Schlagzeuger zu befreien, der noch drin sitzt!

Warum braucht jede Band einen Schlagzeuger?
Irgendwer muss ja dem Bassisten die Zähne putzen, ihn waschen, ihn anziehen, ihm den Hintern abwischen und ihn zur Probe fahren.

Warum haben die meisten Bands und Vereine mindestens vier Schlagzeuger?
Damit wenigstens einer bei der Probe da ist.

Warum ist ein Drum-Computer für eine Band besser als ein Schlagzeuger?
– Der Computer hält den Takt.
– Er säuft nicht den Kühlschrank leer.
– Er lässt die Finger von deiner Freundin!
– Man muss ihm nur einmal sagen, was er spielen soll.

Woran merkt man, dass ein Schlagzeuger vor der Tür steht?
– Die Klingel schleppt.
– Das Klopfen wird langsamer.

Was sind drei Schlagzeuger, die in einem brennenden Mini einen Berg runterrasen?
Zu schnell.

Was geht einem Schlagzeuger durch den Kopf, wenn er an einer roten Ampel eine Vollbremsung macht?
Die Becken.

Welches ist das Lieblingslied der Schlagzeuger?
One Moment In Time!

Was ist der letzte Satz eines Schlagzeugers, bevor er entlassen wird?
»Ich hab' da mal einen Song geschrieben.«

Wie nennt man Menschen, die immer mit Musikern rumhängen und sie durcheinanderbringen?
Schlagzeuger.

Ein Fort im Wilden Westen ist von Ureinwohnern umlagert. Die Soldaten im Fort stehen mit entsicherten Gewehren auf den Palisaden und warten auf den Angriff. Und die ganze Zeit dröhnen die Trommeln der Gegner.
Sagt ein Soldat zu seinem Nachbarn:

»Das Getrommel geht mir ganz schön auf die Nerven.«
Ruft einer der Ureinwohner zurück:
»Das ist ja auch nicht unser fester Drummer.«

Nach dem Konzert wundert sich der Schlagzeuger darüber, dass die anderen Musiker sein Schlagzeug abbauen und wegräumen. Auf seine Frage hin: »Warum?«, bekommt er erwidert: »Ach, Du hast doch die ganze Zeit geschleppt – nun sind wir an der Reihe.«

Wie viele Schlagzeuger benötigt man, um eine kaputte Glühbirne auszuwechseln?
Nur einen – solange er einen Drum-Roadie hat, der die Leiter holt, sie aufbaut, die Glühbirne wechselt und die Leiter wieder wegbringt.

Wie viele Gitarristen braucht man, um eine Glühbirne zu wechseln?
Zwei. Einer wechselt die Birne, der andere erklärt's dem Schlagzeuger.

Nochmal:
Wie viele Gitarristen braucht man, um eine Glühbirne zu wechseln?
Zehn! Einen, der sie einschraubt und neun andere, die sagen:
»Das hätte ich auch gekonnt!«

Wie bringt man einen Gitarristen dazu, leise zu spielen?
Man legt ihm ein Blatt Papier aufs Pult.

Und wie bringt man ihn dazu, ganz mit dem Spielen aufzuhören?
Man schreibt Noten aufs Papier.

Fragt ein Bluesgitarrist den anderen:
»Was kommt eigentlich als zweiter Akkord nach A-Dur?«
Antwortet der andere:
»Wie? A-Dur ist doch der zweite Akkord!«

Die Gitarristenlügen:

1. Ich kann mich nicht hören.
2. Ich habe doch schon leiser gemacht.
3. Bis zum nächsten Mal hab ich's drauf.
4. Das Solo war nicht zu lang.
5. Irgendwann konnte mir mein Lehrer nichts mehr zeigen.
6. Na klar spiele ich das vom Blatt.
7. Noten – kein Problem, kenn ich.

Was ist Optimismus?
Ein Gitarrist mit Anrufbeantworter.

Zwei Rockgitarristen im Bordell. Der erste geht mit einer der anwesenden Damen ins Separee.
Als er wiederkommt, meint der andere:
»Also, ich wär schneller gewesen!«

Was sagt man zu einem Punk-Metalgitarristen mit nur einer Hand?
Völlig egal, er hört es ja doch nicht.

Ein Tanzmusiker-Duo (Schlagzeug/Keyboard) machen Soundcheck.
Sagt der Keyboarder:
»Du, ich geh mal vor und hör mir mal an, wie der Sound ist.«
Der Keyboarder geht 10 Meter von der Bühne weg, lauscht einen Moment und meint:
»Och Mann, so 'n Mist. Wie immer. Man hört wieder mal nur Schlagzeug ...«

Ein Blinder und ein Gehörloser sind zusammen ein Tanzmusik-Duo. Bei ihrem letzten Auftritt fragte der Blinde in Gebärdensprache: »Tanzen die Leute schon?«
Darauf der Gehörlose: »Wieso, spielen wir schon?«

Was ist der Unterschied zwischen einem Trampolin und einem Banjo?
Bevor du auf ein Trampolin springst, ziehst du deine Schuhe aus.

Was bekommt man, wenn man ein Banjo, eine Bratsche und ein Horn vom Hochhausdach wirft?
Einen Riesenapplaus.

Ein Straßenmusiker, der ohne Erlaubnis in der Fußgängerzone spielt, wird vom Ordnungsbeamten am Arm gepackt:
»Sie begleiten mich jetzt!«
»Na klar«, sagt der Musiker, »was möchten Sie denn gern singen?«

## »Mein lieber Schwan!«

### Sänger – alleine und im Rudel

#### Sopran

Was ist der Unterschied zwischen einer Sopranistin und einem Terroristen?
Mit dem Terroristen könnte man verhandeln.

Wie wechseln Sopranistinnen Glühbirnen aus?
Sie halten sie einfach in die Fassung, die Welt dreht sich ohnehin um sie.

Was ist der Unterschied zwischen einem Sopran und einem Piranha?
Lippenstift.

Nachdem die Sopranistin vorgesungen hat, sagt der Dirigent:
»Sehr schön, das gefällt mir, das interessiert mich. Ich möchte Sie gerne irgendwann für ein Konzert engagieren, Sie werden von mir hören!«

Die Sopranistin überglücklich: »Das ist ja wunderbar, ich freue mich so sehr! Aber eine Frage habe ich noch: Was sagen Sie einer Sängerin, die Ihnen nicht gefällt?«
Der Dirigent: »Das Gleiche!«

Was ist der Unterschied zwischen einem Sopran und einem Porsche?
Die meisten Musiker waren noch nie in einem Porsche.

Was macht eine Sängerin am Morgen?
Zieht sich an und geht nach Hause.

Was ist der Unterschied zwischen einem Wagner-Sopran und einem Wagner-Tenor?
Ungefähr 2 Kilo.

Welche Töne erklingen, wenn sich eine Wagner-Sopranistin auf die Klaviatur setzt?
Alle außer der mittleren Oktave.

Der Dirigent erklärt dem Orchester bei der Anspielprobe vor dem Konzert: »Bitte nehmen Sie Ihre Bleistifte zur Hand, wir haben einige Änderungen vorzunehmen: Die ersten beiden Takte in 3/4, nicht in 4/4, wie geschrieben. Dann ab dem 6. Takt in 7/8 und das bis zum Ende durchhalten. In Takt 9 alle um einen Halbton höher. In Takt 13 alle wieder einen Ganzton tiefer und das bis zum Schluss. Und für alle: Grundstimmung 435 Hertz! Danke sehr. Lassen Sie uns beginnen.«
Solosopranistin: »Entschuldigen Sie bitte, Maestro, was soll ich ändern?«
»Überhaupt nichts, meine Liebe. Sie machen einfach alles genauso wie gestern.«

Der Chorleiter hat eine außerplanmäßige Stimmprobe für die Sopranistinnen angesetzt. Plötzlich steht der Wirt des Vereinslokals in der Tür und knurrt:
»Das hättet ihr mir auch gleich sagen können, dass ihr heute probt. Ich öle seit einer halben Stunde die Wirtshaustür.«

Zwei Musikkritiker unterhalten sich. »Hast du schon gehört, die Sopranistin hat nach dem verpatzten Auftritt einen Schreikrampf bekommen.«
»Was, noch einen?«

Wie viele Sopranistinnen braucht man, um ein hohes C zu singen?
Drei: Eine, die singt, und zwei, die meckern.

Die Sängerin singt in der Probe ständig falsch. Schließlich sagt sie zum verärgerten Dirigenten: »Das Konzert wird besser ausfallen, Maestro.«
»Ja«, sagt dieser, »lassen wir es besser ausfallen.«

»Wenn Du singst, möchte ich gerne Beethoven sein.«
»Weil du etwas für mich komponieren möchtest?«
»Nein, weil Beethoven taub war.«

»Finden Sie nicht auch, dass meine Frau eine wunderbare Stimme hat?«
»Wie bitte?«

»Ich wollte wissen, ob Sie nicht auch denken, dass meine Frau hervorragend singt?«
»Tut mir leid, ich verstehe Sie nicht. Die Tussi da vorne schreit so fürchterlich.«

Tenor zu seiner Sopran-Kollegin nach der Aufführung:
»Du singst wie ein Vulkan.«
»So feurig?«
»Nein, so spuckend.«

Was findet man unter dem Kleid eines Soprans?
Einen Tenor.

## Alt

Was ist ein Alt?
Eine Sopranistin, die vom Blatt singen kann.

Wie viele Altistinnen braucht man, um eine Glühbirne zu wechseln?
Zwei. Eine stellt sich auf die Leiter und wechselt, die

andere steht unten und sagt: »Ist das nicht ein bisschen hoch für dich, Schätzchen?«

Weshalb schreiben Komponisten so selten Alt-Soli? Weil es sich bewährt hat.

Der neue Dirigent unterbricht entsetzt den Chor, wendet sich zum Alt und sagt: »Die Stelle hab ich aber schon viel besser und schöner gehört!«
Aus dem Bass ertönt eine sonore Stimme: »Aber nicht von unserem Alt!«

»Ich werde demnächst im Ausland singen«, erklärt die Sopranistin stolz.
Darauf die Alt-Kollegin: »Das finde ich aber sehr rücksichtsvoll von dir.«

Was ist der Unterschied zwischen einer Altistin und einem Tenor?
Der Tenor muss sich nicht so oft rasieren.

## Tenor

Warum bestehen alle Sopranistinnen-Witze nur aus einer Frage?
Damit Tenöre sie verstehen.

Wie bringt sich ein Tenor um?
Er stürzt sich von seinem Ego auf seinen IQ.

Treffen sich zwei Tenöre an der Bar. Sagt der eine mit gestütztem Ton:
»Ich habe gerade meine Stimme versichern lassen!«
»Ach, und was machst du mit dem vielen Geld?«

Warum singen Tenöre so häufig mit Kopfstimme?
Weil sie dort für die Resonanzbildung die größten Hohlräume haben!

Treffen sich zwei Tenöre.
Sagt der eine: »Hey, ich hab dich gestern in der Bahn gesehen.«
Darauf der andere: »Und? Wie war ich?«

Was tut ein Tenor, wenn der Regen an ein Fenster prasselt?
Er verbeugt sich.

Der Chefkritiker einer überregionalen Zeitung verpasst in einem kleinen Provinznest seinen Anschlusszug. Wo er schon mal hier ist, kommt ihm die Idee, doch ins örtliche Theater zu gehen. Es gibt Verdis *Otello* und unser Rezensent bekommt tatsächlich noch eine Restkarte für die erste Reihe des ausverkauften Hauses. Der Tenor, total abgesungen, singt sein Solo, alles sehr schrecklich. Aber: Anschließend donnernder Applaus, »Bravo«-Rufe, Schreie: »Da capo! Da capo!« Der Kritiker versteht die Welt nicht mehr. Als der Tenor mit größter Anstrengung erneut sein Solo gesungen hat und das Publikum es ihm mit tosendem Applaus dankt, wiederum mit Zwischenrufen: »Da capo! …«, wendet sich der Kritiker an seinen wild klatschenden Nachbarn und fragt: »Na hören Sie mal, der Mann ist doch grottenschlecht! Wieso wollen die Leute ihn da denn nochmal hören?« Darauf der Nachbar freudig: »Ja, das wissen wir schon lange, aber heute machen wir ihn fertig!«

»Kennst du den Tenor Luciano Calzone?«
»Klar doch. Ich bin einer seiner größten Gönner!«
»Gestern nach seinem Auftritt wurde er ganz furchtbar ausgepfiffen!«
»Das gönne ich ihm!«

Zwei ältere Damen im Konzert. Sagt die eine über den Tenor im hautengen Kostüm: »Der hat aber ein tolles Organ.«
Darauf die andere: »Stimmt, aber singen tut er auch nicht schlecht!«

Bei der Hauptprobe. Tenor: »Maestro, ich bin so heiser, darf ich markieren?« Der Dirigent murrt: »Meinetwegen!« Das zieht sich so weiter hin, bis der Tenor bei der Generalprobe klagt: »Verzeihen Sie, Maestro! Aber ich bin immer noch so heiser, darf ich wieder markieren?«
Der Dirigent, kurz vor Riss des Geduldsfadens: »Mensch! Übermorgen ist Premiere, wollen Sie vielleicht da auch markieren?!«
Darauf der Tenor: »Nee, nee – keine Bange –, da sag' ich ab!«

Was ist der Unterschied zwischen einem Tenor und einem LKW?
Der LKW hat manchmal einen Anhänger.

Wie erkennt man in einem Gesangsensemble den Tenor?
Es ist der Einzige, der das Notenblatt falsch herum hält.

Was haben Tenöre und Staubsaugervertreter gemeinsam?
Sie machen viel Theater um nichts.

Warum haben Tenöre eine Hirnwindung mehr als ein Huhn?
Damit sie nicht auf die Bühne scheißen.

Ein Tenor wird von einem Journalisten nach dem Verlauf seines Konzertes gefragt.
»Der Anfang war schleppend. Doch als ich gerade das Lied ›Morgen muss ich fort von hier‹ gesungen hatte, wollte der Applaus kein Ende nehmen!«

Warum gehen Tenöre nicht wählen?
Sie haben Angst, ihre Stimme abzugeben.

Sitzt ein Tenor an der Bar und bestellt einen Martini.
Fragt der Barkeeper: »Dry?«
Darauf der Tenor: »Ich sagte Einen!«

Ein älterer Tenor auf dem Wochenmarkt: »Zwei Pfund Tomaten.«
Erwidert der Händler: »Das heißt jetzt Kilo.«
Staunt der Sänger: »Ach was, nicht mehr Tomaten?«

Deutscher Tenor bei der Einreise nach Österreich.
Zöllner: »Haben Sie Waren?«
Tenor: »Entschuldigung, das heißt ›sind Sie gewesen‹!«

Tenor beim Sport.
Trainer: »Wir machen jetzt Dehnübungen.«
Tenor: »Entschuldigung, das heißt ›die Übungen‹.«

Ein Operntenor muss operiert werden. Nach der Narkose bittet ihn der Arzt, bis 10 zu zählen.
Der Sänger beginnt: »Eins, zwei, vier, äh drei, sechs« und bricht ab – »tut mir leid, aber ohne Souffleuse schaffe ich es nicht.«

Geht ein Tenor zum Zahnarzt. Der Zahnarzt untersucht ihn und meint schließlich: »Soll ich Ihnen eine Spritze geben? Sie haben so tiefe Löcher, das wird heute sehr wehtun.« – Darauf der Tenor: »Nein, nein, das geht schon.« Der Zahnarzt beginnt zu bohren und wundert sich, dass der Tenor keinen Laut von sich gibt. Nach der Behandlung fragt der Zahnarzt dann doch: »Ich hab jetzt so tief gebohrt und Sie haben kein einziges Mal geschrien, das gibt es doch nicht.« Tenor: »Keine Gage, kein Ton.«

## Bass und Bariton

Was ist der Unterschied zwischen einem Tenor und einem Bariton?
Es gibt keinen. Der Bariton ist genauso doof, nur eine Oktave tiefer.

Die Frau des Baritons beklagt sich:
»Dein Pianist küsst vor jedem Auftritt seine Frau. Warum tust du das nicht auch?«
»Ich kenne seine Frau ja kaum.«

Der völlig unbegabte Bariton sagt:
»Und nun singe ich ›Am Brunnen vor dem Tore‹.«
Ein genervter Zuhörer antwortet:
»Das ist auch gut so, hier drinnen hört Ihnen ja sowieso keiner mehr zu!«

Über den Bariton:
Wenn er das in der Höhe hätte, was ihm in der Tiefe fehlt, hätte er eine ganz passable Mittellage.

Was ist ein Bariton?
Der Übergang vom Tenor zum Menschen.

Notensuchgerät mit vier Buchstaben?
Bass.

»Na, wie war deine Konzertreise?«
»Eigentlich ganz gut, nur in Kassel war der Saal leer.«
»Ist doch klar. In Kassel hast du ja schon mal gesungen ...«

Bässe sind biologische Phänomene.
Beim Singen mutieren sie schon als Zwanzigjährige zum Großvater.

## Chor

Die erste Probe des Kirchenchores nach den Ferien. Der Chorleiter steht mit ernster Miene vor seinen Sängern und sagt: »Liebe Sänger, das neue Stück ist sehr schwer, singen wir es doch zunächst einmal langsam und ohne Vorzeichen.«

Ein Chorsänger erzählt von seinem Rom-Urlaub: »Ja, und dann war ich noch auf dem Petersplatz, alles voller Leute. Plötzlich kommt so ein alter Mann auf den Balkon, mit so weißen Klamotten, und schlägt 'nen langsamen Vierer – und keiner setzt ein!«

An der Tür des Probenlokals des örtlichen Gesangvereins hängt ein Schild mit der Aufschrift »Hunde müssen draußen bleiben«.
Nach der Probe steht darunter: »Der Tierschutzverein.«

»Mensch Wilhelm, ich habe gehört, du bist jetzt im Gesangverein, als Tenor oder als Bass?«
»Nein, als Ausrede!«

Der Veranstalter ist verwirrt: »Das soll ein gemischter Chor sein? Das sind doch nur Frauen!«
Darauf der Chorleiter: »Es ist ein gemischter Chor. Die eine Hälfte kann singen, die andere nicht.«

Sagt ein Chorsänger zum anderen: »Der Chef hat dich gerade so böse angeschaut, als hätte er bemerkt, dass du falsch gesungen hast.«
Darauf der andere: »Keine Sorge, ich hab zurückgeschaut, als ob ich völlig richtig gesungen hätte!«

»Wann singst du immer bei deinem Männerchor?«
»Auf dem Heimweg.«

Ein Chortenor fehlt seit längerer Zeit. Der Chorleiter erkundigt sich nach seinem Befinden. Er erfährt, dass der Tenor an einer Hirnhautentzündung leide. – »Merkwürdig, ausgerechnet das kann ich mir bei einem Tenor gar nicht vorstellen.«

Was ist paradox?
Wenn ein Tenor bass erstaunt ist, dass ein Sopran alt wird.

# »Hochmut kommt vor dem Quintfall«

## Zulieferbetriebe – Komponisten, Kritiker und andere Roadies

### Komponisten

Sagt ein Komponist zum anderen: »Kompostierst du eigentlich immer noch?«
»Du meinst wohl komponieren?«
»Nein, ich meine, ob du immer noch so einen Mist schreibst?«

Unterhalten sich zwei Komponisten:
»Stell dir vor, mein Vierjähriger hat gestern mein eben fertig gestelltes Opernmanuskript zerrissen.«
»Ach, ich wusste gar nicht, dass der schon Noten lesen kann.«

In der Bahn liest ein Musiker eine Partitur. Ein BND-Mann hält das Notenblatt für Geheimschrift und verhaftet den Musiker unter Spionageverdacht, obwohl der versichert, das sei eine Fuge von Bach. Der Verhaftete wird am nächsten Tag einem Oberst vorgeführt, der ihn anschreit: »Also raus mit der Sprache! Bach hat schon gestanden!«

Ein Komponist geht mit seinem Freund durch die Stadt. Aus einem Fenster kommt Klaviermusik.
Der Freund: »Ist das von dir?«
Der Komponist: »Noch nicht!«

## Agenten, Kritiker und anderes Gesindel

Ein Sänger singt einem Agenten vor. Danach meint der Agent ergriffen:
»Sie wären ein guter Ersatz für Elvis gewesen.«
»Ehrlich?«, fragt der Sänger gerührt.
»Ja, Sie hätten für ihn sterben sollen.«

Was ist der Unterschied zwischen einem Kritiker und einem Eunuchen?
Da gibt's keinen. Beide wissen genau, wie's geht, können's aber nicht!

Die vier Veranstalter-Lügen:
Wir müssen unbedingt bald wieder zusammenarbeiten!
Ihr habt gut gespielt!
Geld ist unterwegs!
Ruft mich nicht an, ich rufe euch an!

Wie viele Musikjournalisten braucht man, um eine Glühbirne zu wechseln?
75. Einer wechselt die Birne, die anderen stehen auf der Gästeliste.

Im finsteren Wald treffen sich nachts ein Hase und eine Schlange. Man sieht die Pfote vor Augen nicht. Fragt der Hase die Schlange:
»Kannst du erraten, wer ich bin?« Die Schlange betastet ihn mit der Zunge und meint:
»Hm, du hast Fell … einen Stummelschwanz … und große Ohren – du bist ein Hase!« »Richtig«, sagt der Hase, »jetzt bin ich dran!«, und untersucht die Schlange:
»Hm … du bist kalt … du hast keine Eier … und du hast keine Ohren. Es gibt nur eine Möglichkeit: Du bist der Creative Director einer Plattenfirma …«

Was ist der Unterschied zwischen einem Musiker und einem Musikwissenschaftler?
Der gleiche wie zwischen einem Liebhaber und einem Gynäkologen.

Ein Betrunkener kommt in den Musikladen.
»Ich hätte gern die rote Trompete da hinten und das weiße Akkordeon.«
»Den Feuerlöscher können Sie haben, aber die Heizung bleibt hier.«

»War das Konzert nicht schön?«
»Ja, es war nicht schön.«

Dann war da noch der Musiker, der spiritistische Musik machte.
Immer wenn er spielte, klopfte es an der Wand.

## Roadies und Techniker

»Was ist Ihr Beruf?«
»Ich bin Tontechniker.«
»So ein Quatsch. Sagen Sie doch gleich Töpfer.«

Wie nennt man die Tontechniker in Norddeutschland?
Die Halligen.

Wie heißt »Tonmeister« auf Arabisch?
Ali mach ma' Hall!

Wie heißt »Roadie« auf Arabisch?
Hassma Gaffada!

Ein Psychologe plant, eine Studie zu geistigen Fähigkeiten durchzuführen. Dazu lädt er sich einen Philosophen, einen Mathematiker und als Kontrollgruppe zwei Roadies ein. In seinem Labor hat der Psychologe drei große Kisten aufgebaut. In die erste Kiste setzt er den Philosophen, in die zweite den Mathematiker und

in die dritte die beiden Roadies. In jede Kiste legt er nichts weiter als nur zwei Metallkugeln. Dann schließt er die Kisten. Nach zwei Tagen öffnet er die Kiste des Philosophen. Der sitzt entspannt auf dem Boden, die Kugeln kreisen in gleichförmigen Bahnen um seinen Kopf. Der Psychologe ist völlig begeistert und lässt sich, so gut es geht, alles erklären, bevor er die Kiste des Mathematikers öffnet. Der wiederum sitzt etwas gedankenverloren in seiner Kiste. Die Kugeln stehen aufeinander. Fasziniert lässt sich der Psychologe die Fähigkeiten erklären, die man braucht, um zwei Kugeln aufeinanderzustapeln.
Dann öffnet er die letzte Kiste. Die Roadies liegen in der Ecke und schlafen. Eine Kugel ist kaputt, die andere fehlt. Auf Nachfrage heben beide Roadies die Hände und rufen gleichzeitig: »Wir haben nichts gemacht!«

Wie bringt man einen Notenwart zum Weinen?
Man bittet ihn, mal kurz die Noten von Schlagzeug und Posaune zu sortieren.

## Kundschaft und Zuhörer

»Der Oper verdanke ich die schönsten Stunden meines Lebens!«
»Gehst du oft in die Oper?«
»Nein, aber meine Frau!«

Ein Paar in der Oper.
»Meine Güte, die Akustik hier ist echt schlecht.«
»Jetzt, wo du es sagst, rieche ich es auch.«

Ein Mann ist zum ersten Mal in der Oper und hat sich verspätet.
Der Platzanweiser zeigt ihm den Weg: »Seien Sie bitte ganz leise ...!«
»Wieso, schlafen die anderen schon?«

*Parsifal* ist eine Oper, die um sechs anfängt, und wenn man nach drei Stunden auf die Uhr schaut, ist es zwanzig nach sechs ...

»Haben Sie sich mit Ihrer Gattin gestern in der Oper gut unterhalten?«
»Zuerst schon, aber dann haben sich immer mehr Leute um uns herum beschwert!«

»Was hat Sie bei dieser Wagner-Premiere am meisten begeistert?«
»Erstens die Pausen und zweitens der Schluss.«

Ein Paar in der Oper. Er flüstert: »Gleich kommt die große Arie!«
Sie: »Na, hoffentlich setzt die sich nicht vor uns.«

Ehepaar in der Oper. Sie zu ihm: »Du, sieh mal, der Kerl neben mir schläft!«
»Na und. Das ist doch kein Grund, mich zu wecken!«

»Sie waren doch in Rom, haben Sie auch die Sixtinische Kapelle gesehen?«
»Ja. Obwohl sie für meinen Geschmack viel zu laut gespielt hat.«

Mitten im Sinfoniekonzert ruft vorne aus der ersten Reihe ein Mann lauthals:
»Ist hier ein Arzt im Saal?«
Eisernes Schweigen. Alle versuchen sich wieder auf die Musik zu konzentrieren. Etwas später erneut:
»Ist hier ein Arzt im Saal?«
Im Saal beginnt ein unruhiges Gemurmel, der Dirigent dirigiert aber eisern weiter. Noch einmal:
»Ist hier ein Arzt im Saal?«
Der Dirigent bricht ab, während sich in der letzten Reihe jemand erhebt:
»Ja, ich bin Arzt. Was ist denn?«
»Ist das nicht ein herrliches Konzert, Herr Kollege?«

»Schwester, die Instrumente bitte!«
Schreit der Patient:
»Sind Sie blöd? Ich liege hier im Sterben und Sie wollen musizieren …!?«

Zwei Todeskandidaten sitzen Zelle an Zelle und bekommen den Besuch des Pfarrers, dem sie ihre letzten Wünsche vortragen sollen.
Erster Kandidat: »Ich will eine tolle Soundsystem-Anlage und die Gesamtausgabe von Hans Zimmer.«

Zweiter Kandidat: »Ich will vor meinem Nachbarn die Giftspritze!«

»Kennst du eigentlich Beethovens Neunte?«
»Nein, ich wusste gar nicht, dass er so oft verheiratet war!«

»Gestern haben meine Frau und ich zu Hause Beethoven gespielt.«
»Schön, und wer hat gewonnen?«

Ehepaar vor der Inschrift des Beethoven-Denkmals »Die Macht der Musik«.
Sie: »Sag mal, sind da nicht die Artikel vertauscht?«

Beethoven: »SEID IHR BEREIT FÜR MEINE SYMPHONIEN?«
Das Publikum jubelt und tobt!
Beethoven: »ICH KANN EUCH NICHT HÖREN!«

# Finale morendo ridicoloso

## Kalauer zum Schluss

Warum sind die Musiker so fleißige Leute?
Weil sie im Akkord arbeiten!

Wie lautet die enharmonische Verwechslung von Dessau?
Cisschwein!

What's God's favorite chord?
G sus.

Wie nennt man es, wenn ein Musiker in der Apotheke Gispirin verlangt?
Enharmonische Verwechslung.

Das Gegenteil von Scherzo?
s' g'hert net so!

Kommt ein Staccato zum Arzt und klagt:
»Hilfe, ich hab da voll die Punkte!«

Eine Fermate kommt zum Psychologen:
»Herr Doktor, ich halt's nicht mehr aus!«

# Reprise

»Geht ein Musiker an der Kneipe …« Ach nein, den hatten wir ja schon.

Nun, es liegt in der Natur der Sache, dass Sie, liebe*r Leser*in, auf viele Witze gestoßen sind, die Ihnen schon bekannt waren. Hoffentlich haben Sie aber auch einige neue kennengelernt und hatten bei der Lektüre des Buches ebenso viel Freude wie die Autoren beim Zusammenstellen.

Sollte Ihnen ein besonders guter Witz fehlen: Schreiben Sie uns unter: witzkommraus@gmail.com

## Zu den Autoren

DANILO TEPŠA, MMA, Jahrgang 1980, studierte Gesang und Schulmusik an der HfM Mainz und kam seitdem viel rum. Er war Tenorsolist am Theater Koblenz und Gastsänger an zahlreichen deutschen Theatern (zum Beispiel in der Nähe des Frankfurter Bahnhofsviertels und in mehreren Domstädten) sowie Theaterpädagoge, Chorleiter und Dirigent am Theater Pforzheim, Leiter des Wiesbadener Knabenchors und Lehrbeauftragter der HfM Mainz. Zurzeit arbeitet er als Freiberufler am Dirigentenpult, Tasteninstrument oder Stimmband, national wie international.

JAN SCHUMACHER, Jahrgang 1980, Universitätsmusikdirektor am Main, Professor am Neckar, vielerorts Gast am Pult sowie Herausgeber zahlreicher Chorbücher, ansonsten ohne nennenswerten Einfluss auf die Musikgeschichte des 21. Jahrhunderts. Schätzt leere Saiten und volle Weingläser.

»WAS IST DER UNTERSCHIED ZWISCHEN GOTT UND EINEM DIRIGENTEN?«

»GOTT WEIß, ER IST KEIN DIRIGENT.«

Musikerinnen und Musiker sind berühmt-berüchtigt für gesellige Exzesse. Die Dirigenten Jan Schumacher und Danilo Tepša haben über viele Jahre in illustren Runden nach Pointen gefahndet. Die Ergebnisse ihrer heldentenorhaften Forschung versprechen bestes Training für Lachmuskeln und Zwerchfell.

ISBN 978-3-15-019599-4

€ [D] 7,00